成功企业管理制度与表格典范丛书

客户管理必备制度与表格典范

杨宗岳◎编著

企业管理出版社

图书在版编目（CIP）数据

客户管理必备制度与表格典范 / 杨宗岳编著. —北京：企业管理出版社，2020.7
ISBN 978-7-5164-2150-5

Ⅰ.①客… Ⅱ.①杨… Ⅲ.①企业管理－销售管理 Ⅳ.①F274

中国版本图书馆CIP数据核字（2020）第091478号

书　　名	客户管理必备制度与表格典范
作　　者	杨宗岳
责任编辑	张　羿
书　　号	ISBN 978-7-5164-2150-5
出版发行	企业管理出版社
地　　址	北京市海淀区紫竹院南路17号　　邮编：100048
网　　址	http://www.emph.cn
电　　话	发行部（010）68701816　　编辑部（010）68701891
电子信箱	80147@sina.com
印　　刷	水印书香（唐山）印刷有限公司
经　　销	新华书店
规　　格	170毫米×240毫米　16开本　15.25印张　300千字
版　　次	2020年7月第1版　2020年7月第1次印刷
定　　价	68.00元

版权所有　翻印必究·印装错误　负责调换

PREFACE 前　言

　　成功的企业，其生存和发展能力都非常强，有的甚至维持上百年长盛不衰。企业之所以成功，原因之一是这些企业通常都聚集了一群优秀的管理者，而这些优秀的管理者又是靠什么来实现管理的呢？很简单，他们靠的是灵活运用管理方法、管理技能、管理体系、管理文书、管理流程等管理工具，进行科学的、规范的管理。

　　企业管理制度是企业员工在企业生产经营活动中须共同遵守的规定和准则的总称。企业管理制度的表现形式或组成包括企业组织机构设计、职能部门划分及职能分工、工作岗位说明、专业管理制度、工作方法或流程、管理表单等管理制度类文件。纵观成功的企业，自身无不拥有完善的管理制度、流程、表格体系，在制度化、流程化、表格化管理方面堪当表率。

　　任何企业的管理都是一个系统工程，要使这个系统正常运转，实现高效、优质、高产、低耗，就必须运用科学的方法、手段和原理，按照一定的运营框架，对企业的各项管理要素进行规范化、程序化、标准化设计，形成有效的管理运营机制，即实现企业的规范化管理。

　　企业管理制度主要由编制企业管理制度的目的、编制依据、适用范围、管理制度的实施程序、管理制度的编制形成过程、管理制度与其他制度之间的关系等因素组成，其中属于规范性的因素有管理制度的编制目的、编制依据、适用范围及其构成等；属于规则性的因素有构成管理制度实施过程的环节、具体程序，控制管理制度实现或达成期望目标的方法及程序，形成管理制度的过程，完善或修订管理制度的过程，管理制度生效的时间，与其他管理制度之间的关系。

　　企业管理制度是企业管理制度的规范性实施与创新活动的产物，通俗地讲，企业管理制度＝规范＋规则＋创新。一方面，企业管理制度的编制须按照一定的规范来进行，企业管理制度的编制在一定意义上讲也是企业管理制度的创新，企业管理制度的创新过程就是企业管理制度文件的设计和编制，这种设计或创新是有其相应的规则或规范的。另一方面，企业管理制度的编制或创新是具有规则的，起码的规则就是结合企业实际，按照事物的演变过程，依循事物发展过程中内在的本质规律，依据企业管理的基本原理，实施创新的方法或原则，进行编制或创新，形成规范。

为了帮助企业完善制度体系，我们组织相关专家、学者编写了"成功企业管理制度与表格典范丛书"，本套丛书包括8个管理模块，每个模块独立成书。具体为：《行政管理必备制度与表格典范》《客户管理必备制度与表格典范》《 企业内控管理必备制度与表格典范》《人力资源管理必备制度与表格典范》《营销管理必备制度与表格典范》《安全管理必备制度与表格典范》《财务管理必备制度与表格典范》和《供应链管理必备制度与表格典范》。

本套丛书最大的特点是具有极强的实操性和可借鉴性，它提供了大量的制度、表格范本，所有的范本都是对成功企业制度的解读，可供读者参考。

本套丛书可以作为企业管理人员、工作人员、培训人员在制定本企业管理制度时的参照范本和工具书，也可供企业咨询师、高校教师和专家学者做实务类参考指南。

由于编者水平有限，加之时间仓促、参考资料有限，书中难免出现疏漏与缺憾，敬请读者批评指正。

CONTENTS 目 录

第一章　客户开发管理 1

第一节　客户开发管理要领 2
一、客户开发的策略 2
二、客户开发的关键点 2

第二节　客户开发管理制度 3
一、新客户导入评估管理制度 3
二、新客户开发过程管理规范 6
三、客户调查制度 9
四、客户拜访管理办法 10

第三节　客户开发管理表格 12
一、新客户开户申请表 12
二、新客户认定申请表 13
三、客户个人信息卡 14
四、客户公司信息卡 14
五、客户清单 15
六、外出拜访计划表 16
七、客户关系评估表 16
八、客户联络计划表 17
九、客户联系预定表 17
十、客户拜访记录表 17
十一、客户拜访日报表 18
十二、客户拜访档案记录 18

十三、业务工作日志 19
十四、客户招待申请表 20
十五、礼品馈赠计划表 20
十六、礼品馈赠申请表 20
十七、客户来访接待通知单 21
十八、客户招待报告表 22
十九、客户分级表 22
二十、重点客户管理表 23
二十一、重要客户对策表 23
二十二、问题客户对策表 24
二十三、客户地址分类表 24
二十四、客户总体分类表 24
二十五、客户区域分析表 25
二十六、客户销售分析表 25
二十七、新开发客户报告表 26
二十八、新产品潜在客户追踪表 26
二十九、问题客户检核表 26
三十、特殊客户申请表 27
三十一、客户地域分布表 27
三十二、一级客户登记表 27
三十三、客户名册登记表 28

第二章　客户资信管理 29

第一节　客户资信管理要领 30

一、客户资信管理的内容和注意事项 30
二、客户资信的调查程序 30

第二节　客户资信管理制度 31

一、客户分级管理制度 31
二、客户信用管理制度 34
三、客户信用期限和信用额度管理制度 39
四、客户信用风险管理制度 41

第三节　客户资信管理表格 44
一、客户资信调查表（1） 44
二、客户资信调查表（2） 46
三、客户基本信息采集表 48
四、客户静态信息表 49
五、客户交易记录表 49
六、客户信用调查评定表 50
七、客户质量等级综合评定表 53
八、客户信用风险客观评估表 54
九、客户信用等级评定表 55
十、客户资信调查报告 56
十一、客户信用等级分类汇总表 57
十二、赊销客户汇总表 58
十三、客户信用评级评分表 58
十四、客户信用等级、信用额度、信用期限申请表（新客户） 60
十五、客户信用等级、信用额度、信用期限申请表（老客户） 61
十六、临时额度申请表 63
十七、客户信用申请表 64
十八、客户授信额度执行评价表 65
十九、变更信用额度申请表 66
二十、客户信用评估与建议 66
二十一、客户信用额度核定表 67

第三章　客服管理 69

第一节　客服管理要点 70
一、规划客户服务管理体系 70
二、设计完善服务流程 70
三、做好客户热线服务管理 70

第二节　客服管理制度 72
一、客服管理办法 72
二、客服中心管理制度 75

三、全国 400 客户服务电话使用管理制度 78
　　四、客服部门保密制度 86
　　五、客户服务中心绩效考核管理办法 88

第三节　客服管理表格 91
　　一、客户地域分布表 91
　　二、一级客户登记表 92
　　三、客户名册登记表 92
　　四、呼入记录表 92
　　五、呼出记录表 93
　　六、电话访谈记录表 93
　　七、客服中心专员绩效计划表 93
　　八、客服中心专员绩效实施沟通表 94
　　九、客服中心专员绩效评估反馈表 95

第四章　客户满意度管理 97

第一节　客户满意度管理要领 98
　　一、厘清满意度调查的目标和内容 98
　　二、确定满意度调查指标 98
　　三、满意度调查的分析应用 98

第二节　客户满意度管理制度 99
　　一、客户满意度测评管理规定 99
　　二、客户满意度调查与评价管理办法 102
　　三、客户满意度调查管理规定 108

第三节　客户满意度管理表格 110
　　一、客户满意度调查计划 110
　　二、客户满意度调查记录表 111
　　三、顾客满意程度调查表 112
　　四、客户满意度调查问卷 113
　　五、客户满意度调查问卷（软件和技术服务行业） 116
　　六、客户满意度调查问卷（外贸企业） 118
　　七、客户满意度调查报告 121

八、顾客满意度分析报告 122

　　九、客户信息反馈单 122

第五章　客户投诉管理 125

第一节　客户投诉管理要点 126

　　一、客户投诉的分类 126

　　二、规范客诉处理的流程 126

　　三、处理客户投诉的基本原则 127

第二节　客户投诉管理制度 128

　　一、客户投诉分级管理办法 128

　　二、客户抱怨与投诉处理规范 131

　　三、集团客户投诉处理管理制度 136

　　四、客诉及抱怨处理程序 142

第三节　客户投诉管理表格 145

　　一、客户投诉处理表（1） 145

　　二、客户投诉处理表（2） 145

　　三、客户投诉处理单 147

　　四、客户投诉处理表 148

　　五、客户投诉登记表 149

　　六、客户投诉案件登记追踪表 149

　　七、客户退货记录登记表 150

　　八、客户投诉处理回复表 150

　　九、客户投诉处理报告 151

　　十、客户投诉案件统计表 152

　　十一、___月份客户投诉统计表 152

第六章　售后服务管理 153

第一节　售后服务管理要领 154

　　一、售后服务的管理内容 154

　　二、提供售后服务的资源 154

三、确保内部沟通和外部信息交流 155

第二节　售后服务管理制度 156
　　一、售后服务流程及管理制度 156
　　二、客户退货处理流程规范 161
　　三、安装维修人员上门服务规范 163

第三节　售后服务管理表格 172
　　一、售后服务登记表 172
　　二、产品维修报告单 173
　　三、产品退换货汇总表 173
　　四、产品故障维修统计表 174
　　五、维修人员工作月报表 174
　　六、售后服务评价表 174
　　七、售后服务例行检查表 175
　　八、产品退货申请表 176
　　九、产品退货处理记录表 176
　　十、客户退货责任鉴定报告 177

第七章　客户信息管理 179

第一节　客户信息管理概要 180
　　一、客户信息的调查步骤 180
　　二、客户档案的管理步骤 181

第二节　客户信息管理制度 182
　　一、客户信息管理办法 182
　　二、客户征信信息管理制度 184
　　三、客户档案管理制度 186
　　四、CRM 系统管理办法 190
　　五、客户关系管理系统（CRM）应用管理办法 194

第三节　客户信息管理表格 199
　　一、客户归类汇总表 199
　　二、客户资料卡 199

三、客户业绩统计及信用评估表 200

　　四、客户综合销售力分析表 201

　　五、客户统计表 202

　　六、客户销货统计表 202

　　七、客户投诉管理卡 202

　　八、客户信息查阅申请表 203

　　九、借阅档案申请表 204

　　十、档案资料销毁审批表 204

第八章　大客户管理 205

第一节　大客户管理要点 206

　　一、做好大客户的界定 206

　　二、做好大客户的识别 206

　　三、提升大客户忠诚度 207

第二节　大客户管理制度 209

　　一、大客户综合管理制度 209

　　二、大客户部管理制度 213

　　三、大客户信息管理办法 216

　　四、大客户信用管理制度 217

　　五、大客户拜访管理制度 226

第三节　大客户管理表格 227

　　一、大客户资料记录表 227

　　二、大客户申请表 228

　　三、大客户分析表 228

　　四、公司客户合作记录表 229

　　五、大客户支持表 229

第一章

客户开发管理

第一节　客户开发管理要领

一、客户开发的策略

客户开发策略一般有以下三种：

1. 分两步走策略

分两步走策略是指对于那些刚进入某个行业的企业，在渠道成员的选择上，不必固守一步到位的原则，允许市场上的分销成员对其有个认识过程。第一步，在渠道建立初期，接受与一些低层次分销成员的合作；第二步，待到时机成熟时，在市场上逐步固定一些层次较高的分销成员，而逐渐淘汰低层次的分销成员。

2. 亦步亦趋策略

亦步亦趋策略是指制造商选择与某个参照公司相同的分销成员。而这个参照公司多为该公司的竞争品制造商或该行业的市场领先者。例如，饮料行业中的可口可乐。首先，渠道起到"物以类聚"的作用，将同类产品聚集起来销售能够更好地满足消费者的需求；其次，行业中的市场领先者通常是渠道网络中的领先者，其网络中的分销成员必定有丰富的经验和良好的分销能力。

3. 逆向拉动策略

逆向拉动策略是指通过刺激消费者，从消费者开始，拉动整个渠道的选择和建立。一般来讲，有很强实力的厂家且拥有较强的差异化竞争力的产品才适合采取这一策略。

企业管理者可以根据自己的实际情况选择客户开发策略，而客户开发策略的制订和选择需要根据竞争品牌情况、企业的实际经营情况和自身资源状况而定。

二、客户开发的关键点

在客户开发策略确定后，销售队伍就需要到市场上真刀实枪地去开展工作了。

潜在客户开发是销售工作流程当中非常重要的环节，销售人员需要不断地开发新客户，弥补流失的老客户，提高客户质量和数量。潜在客户开发是销售业绩增长的来源，不断学习提高销售技巧，对潜在客户进行有效的开发和管理，将帮助销售人员提高销售效率，为其提供稳定的销售业绩保证。

潜在客户开发的工作当中，有三个关键点销售人员应随时注意：

1. 要补充流失的客户

在实际销售工作当中，无论销售人员的服务做得多么周到，都会面临销售额的波动和客户的流失。在这种情况下，销售人员必须不断地开发新客户，有新资源补充进来，才会取得稳定的销售额。同时，销售人员要随时关注市场上的客户情况，不断地选择那些有价值的潜在客户进行客户开发，只有这样才不会受市场波动的影响。

2. 要吸收新的需求

随着市场的变化，随时都可能产生新的潜在客户，或者形成新的需求市场。在客户开发过程中，销售人员要随时掌握市场需求的变化，以此获得新的商机。

3. 要优化客户结构，整合优质客户资源

尽管销售人员拥有很多客户，但是绝大部分销售额来自少部分客户，就像 80/20 原则描述的那样，80% 的销售额来自 20% 的客户，也就是说，客户的质量差异很大。如果销售人员的客户资源缺乏，为了完成销售额，他们对小客户也要尽心尽力地服务，每个小客户的服务量不可能少，但产单量很低，这就使销售人员工作很辛苦，而销售额又不高。如果销售人员不断地进行客户开发，就会挖掘到更多的高端客户，然后把工作重点转移到这些高端客户身上，减少他们的流失，就可以用同样的时间和工作量，取得更多的订单。因此，销售人员应不断地去挖掘那些能给自己带来 80% 销售额的高端客户，并牢牢地抓住他们。

第二节　客户开发管理制度

一、新客户导入评估管理制度

标准文件		新客户导入评估管理制度	文件编号	
版次	A/0		页次	
1. 目的　　为了使公司新客户导入工作规范化，加强风险评估管理，顺利开发新客户，特制定本制度。				

2. 适用范围

适用于公司所有新客户的导入与评估。

3. 职责

3.1 业务员：负责新客户开发与导入工作。

3.2 风险评估员：负责新客户风险评估工作。

3.3 事业部总经理：负责部门新客户审批工作。

3.4 总经理：负责所有部门新客户审批工作。

4. 工作程序

4.1 选择新客户的原则。

4.1.1 新客户必须有较好的财务管理能力和较好的信用。

4.1.2 新客户必须有较好的合作态度。

4.1.3 新客户必须遵守商业上和技术上的保密原则。

4.1.4 新客户的成本控制能力及成本管理水平需符合本公司要求。

4.2 新客户导入流程。

4.2.1 业务员对新客户进行筛选，在准备导入和开发新客户时，必须对客户资料进行收集，填写"新客户开发申请表"。

4.2.2 在"新客户开发申请表"中应如实填写新客户的基本情况，包括客户名称、人数、规模、注册资本、企业性质等。

4.2.3 业务员应对客户关键部门联系人进行确认，如采购部、财务部、技术部及仓库收货人员，并注明联系方式、职务等信息。

4.2.4 业务员应确认该客户的产品销售情况，同时对其销售情况与趋势进行分析。

4.2.5 业务员应对主要竞争对手的情况进行调查，并对其产品的销售及报价情况进行分析对比。

4.2.6 业务员在提交"新客户开发申请表"时，需要附上新客户的营业执照。

4.2.7 业务员对客户情况必须进行详细调查并确认付款方式、账期等重要信息。

4.2.8 "新客户开发申请表"填好后交营销中心进行风险评估。

4.2.9 营销中心风险评估员根据业务员提供的信息进行相关资质审核。

4.2.10 为确保"新客户开发申请表"中的内容真实有效，风险评估员须进行网络调查及现场调研，然后在"新客户开发申请表"中详细记录调查结果并签字确认，如发现客户的信用有问题，需及时地向上级汇报，请求重新定义客户或停止与该客户的洽谈工作。

4.2.11 如果客户付款方式为现金支付，则由风险评估员确认后方为有效。

4.2.12 风险评估员确认"新客户开发申请表"后，由事业部总经理对新客户资料进行评审。

4.2.13 审核批准后，将"新客户开发申请表"提交给总经理审批。

4.2.14 "新客户开发申请表"经总经理批准后，由营销中心助理归档。

4.3 营销中心助理将"新客户开发申请表"、客户营业执照复印后分发至以下部门/岗位：营销中心报价组、合同管理员、跟单组、财务应收组、技术部。

4.4 负责新客户开发的业务人员应定时向事业部总经理反映工作开展情况，取得的成绩及存在的问题。

4.5 如进入报价阶段，报价情况参考《报价管理流程》进行。

附件：新客户导入评估流程

流程图	责任单位 责任岗位	说明	相关表单
新客户开发	业务员	1. 所有新客户导入前必须填写"新客户开发申请表" 2. 客户情况必须调查详细且内容必须填写完整（包括付款方式等）	"新客户开发申请表"
风险评估	营销中心 风险评估员	1. 根据业务提供的信息进行相关资质审核 2. 内容必须真实有效 3. 经网络调查及现场调研后，必须在新客户开发申请表中详细记录调查结果且签字确认 4. 风险评估员确认后由事业部总经理审核 5. 如客户付款方式为现金支付，则由风险评估专员确认后方为有效	
审核	事业部 总经理	事业部总经理审核	
批准	总经理	总经理批准	
资料存档	营销中心 助理	1. 将审批后的"新客户开发申请表"存入档案 2. 同时复印后分发以下部门/岗位：营销中心报价组、合同管理员、跟单组、财务应收组、技术部	
备注：			

拟定		审核		审批	

二、新客户开发过程管理规范

标准文件		新客户开发过程管理规范	文件编号	
版次	A/0		页次	

1. 目的

为了使公司的新客户开发工作规范化，顺利开展客户开发工作，特制定本规范。

2. 适用范围

适用于公司的新客户开发管理。

3. 责任分工

为保证新客户开发计划的顺利进行，为公司争取到更多的市场份额，需要建立统一的组织协调机构。

3.1 销售部作为主要的新客户开发组织策划部门，负责新客户开发计划的制订和组织实施。

3.2 销售部所有人员为新客户开发计划的具体执行人员。

4. 管理规定

4.1 新客户开发管理

4.1.1 新客户开发的任务。

（1）确定新客户的范围，选择需要开发的新客户，选择新客户开发计划的主攻方向。

（2）实施新客户开发计划，确定与潜在客户联系的渠道与方法。

（3）召开会议，交流业务进展情况，总结经验，提出改进对策，对下一阶段工作进行布置。

4.1.2 选择新客户的原则。

（1）新客户必须具有较强的财务管理能力和较好的信用。

（2）新客户必须具有积极的合作态度。

（3）新客户必须遵守双方在商业上和技术上的保密原则。

（4）新客户的成本管理能力和成本控制水平必须符合本公司的要求。

4.1.3 新客户开发的步骤。

（1）搜集资料，制作"潜在客户名录"。

（2）分析潜在客户的情况，为新客户开发活动的实施提供背景资料。

（3）调查新客户的相关资料，衡量新客户是否符合上述基本原则。

（4）调查结束后，提出新客户认定申请。

（5）将上述资料分发给销售专员，准备开发新客户。

4.1.4 开发人员要为新客户设定代码，进行有关登记准备。

4.1.5 其他事项，包括将选定的新客户基本资料通知公司相关部门、确定对方的支付方式、新客户有关资料的存档等。

4.2 新客户开发活动的实施

4.2.1 客户调查。

（1）销售主管组织实施潜在客户调查计划。根据业务员提供的"潜在客户名录"选择主攻客户，然后确定负责新客户开发工作的业务员进行分工调查，以寻找最佳的开发渠道和方法。

（2）运用企业统一印制的新客户信用调查表，对客户进行信用调查。

（3）根据调查结果进行筛选评价，确定应重点开发的新客户。如调查结果有不详之处，业务部应组织有关人员再次进行专项调查。

4.2.2 客户开发。

（1）向上级提出新客户开发申请，得到同意后即时实施新客户开发计划。

（2）在调查过程中，如发现信用有问题的客户，业务员须向上级汇报，请求中止对其进行的调查并中止业务洽谈。

（3）负责新客户开发的销售员在与新客户接触过程中，一方面要力争与其建立业务关系，另一方面要对其信用、经营、财务能力等方面进行具体调查。

（4）负责新客户开发的销售员在访问客户或进行业务洽谈前后，要填写"新客户开发计划及实施表"。

（5）根据实际进展情况，销售主管应对负责新客户开发的销售员及时地加以指导。

（6）负责新客户开发的销售员应通过填写"新客户开发日报表"，将每天的工作进展情况、取得的成绩和存在的问题向销售主管进行反映。

4.3 新客户开发建议管理

4.3.1 新客户开发建议包括但不限于以下内容：

（1）企业整体营销策略的调整。

（2）客户开发与产品销售策略的制订。

（3）客户管理方法。

4.3.2 新客户开发建议的途径：销售员将写好的建议投入提案箱，公司于每月 20 日开箱并于月底前审查完毕。

4.3.3 开发建议评审：新客户开发建议的内容不需获得各级主管的审批和认可，每 3 个月召集全体销售员集体讨论一次，评定奖级，当场发奖。

4.3.4 新客户开发建议评定委员会的职责及组成。

（1）新客户开发建议评定委员会的主要职责是就建议的内容进行调查，讨论与协调各部门的意见，并作出评价。

（2）新客户开发建议评定委员会由下列人员组成：主任由营销总监担任，副主任由市场部经理、销售部经理担任，委员由相关主管级人员担任。

4.3.5 员工所提建议通过新客户开发建议评定委员会的审查后，一经采纳，则予以奖励。新客户开发建议奖励办法具体设置如下所示：

（1）各项提案根据其评分等级给予奖励。

（2）对于提出合理化建议的员工应给予表扬，原则上表扬会于次月 10 日举行。

（3）公司另外设有实施绩效奖。

（4）公司各部门依建议提案数量多少（以决定采用的建议为计算基准）与人数的比例，统计前三名，由公司颁发"团体奖"并将其作为部门考绩的参考。

4.3.6 评定结果的通知及公告。

（1）每月月底公布建议评定的结果，并通知建议人。

（2）在本公司通知上公布被采纳建议及建议人。

4.3.7 对建议的保留或不采用的处理。

（1）经委员会认定还有待研究的建议，须暂予保留，延长其审查时间。

（2）对于未被采用的建议，如果评定委员会认为稍加研究即可发挥作用的，应告知建议人，相关部门应予以协助。

4.3.8 对被采纳建议的处理。

（1）评定委员会应将决定采用的建议，分部门填写"建议实施命令单"，于建议提出后的次月 15 日以前交各部门组织实施。

（2）经办部门的经理应将实施日期和要领填入"建议实施命令单"内，于月底前送交委员会，如在实施过程中遇到困难，应将事实报告主任委员。

（3）经决定采用的建议，在实施上如与有关部门的意见不合时，由主任委员裁决。

（4）建议实施后其评价如超过原先预期的效果，由委员会审查后追补建议人奖金。

（5）实施效果的确认由评定委员会负责，实施责任应属各部门，实施过程中遇到的困难事项由委员会处理。

| 拟定 | | 审核 | | 审批 | |

三、客户调查制度

标准文件		客户调查制度	文件编号	
版次	A/0		页次	

1. 目的
为规范公司的客户调查管理行为，推行客户标准化管理，提升公司客户服务质量，增加客户满意度，与公司客户建立长期稳定的业务关系，增强市场竞争能力，特制定本制度。

2. 适用范围
适用于客户信息的调查。

3. 管理规定
3.1 公司客户调查制度的基本原则

3.1.1 根据客户情况的变化，不断调整客户关系管理，并做好跟踪记录。

3.1.2 客户关系管理的重点是维护现有客户，不断开发新客户或潜在客户。

3.1.3 及时地收集和整理客户关系资料，提供给销售部经理和关联人员。利用客户资料对客户进行分析，使客户关系资料的作用得到充分发挥。

3.1.4 建立客户管理档案，由客户管理档案员负责管理，制定严格的查阅制度。

3.2 客户调查制度的内容

3.2.1 收集、分析、保存客户信息，填写"客户基本信息表""客户清单"，积累有关客户与竞争对手的信息。

3.2.2 定期对客户的情况进行分析，包括客户的构成、与公司的交易数量金额、货款回收、销售区域等。

3.2.3 定期对客户进行回访，了解客户对公司产品质量、包装、运输方式、服务等方面的意见和建议。

3.2.4 对客户的投诉意见进行整理，联系相关责任部门，将提出的处理意见或建议及时地反馈给客户。

3.2.5 制订客户计划，挖掘现有客户的合作潜力，开发新客户，重点是终端大客户。

3.3 客户调查制度实施细则

3.3.1 销售员与客户交谈过程中，应注意了解客户家庭状况、个人信息、个人经历、兴趣爱好、业务专长、价值观念等，对此调查记录应严格保密。

3.3.2 销售员要耐心地倾听对方的谈话，并引导客户自然地透露你所关心的信息资料，然后及时地填写"客户个人信息卡"归档。

3.3.3 销售员应定期整理"客户个人信息卡",适时地对客户做好个人事务的联络工作,以加深业务往来感情。

3.3.4 关注客户的一切商业动态。譬如,客户的周年庆典要及时地给予庆贺,利用各种机会加强与客户之间的感情交流。

3.3.5 每年组织一次客户恳谈会,加强与客户之间的交流与沟通,听取客户对企业产品、服务、营销等方面的意见和建议,并对客户的意见和建议做详细记录。

3.3.6 每年组织一次企业高层主管与大客户之间的座谈会,加深与客户之间的业务往来感情,增强客户对企业的忠诚度。

拟定		审核		审批	

四、客户拜访管理办法

标准文件		客户拜访管理办法	文件编号	
版次	A/0		页次	

1. 目的

为了强化客户关系,深入地了解客户情况,规范客户拜访工作程序,从而提高企业形象与服务水平,特制定本办法。

2. 适用范围

适用于业务人员拜访客户的工作管理。

3. 管理规定

3.1 拜访客户的基本任务

3.1.1 拜访客户的主要目的和任务就是了解客户需求,从而促进销售的产生。

3.1.2 协调客户关系。销售员要处理好客户关系方面的相关问题,解决企业与客户之间的矛盾,确保市场的稳定。

3.1.3 维护、增进企业与客户的关系。

3.1.4 收集客户信息。销售员要随时地了解客户情况,掌握客户动态。

3.1.5 为客户的疑难问题提供指导和帮助。

3.2 拜访前准备工作规定

3.2.1 制订客户拜访计划,明确拜访目的,确定拜访目标。

3.2.2 掌握拜访客户的技巧,以专业的方法开展拜访工作。

3.2.3 熟悉企业当月的销售政策与促销活动措施。

3.2.4 以良好的个人形象向客户展示品牌形象和企业形象。

3.2.5 带全必备的拜访工具，主要包括：

（1）企业宣传资料、个人名片、笔记本和笔。

（2）客户信息表、宣传品等。

3.3 客户拜访工作实施要求

3.3.1 在拜访客户时，销售员需要了解客户的以下基本情况：

（1）客户的职务、姓名。

（2）客户对今后的项目合作是否有决策权。

（3）客户自己认为的企业目前的需求和存在的问题。

（4）对于规模较大或拜访难度较大的客户，可以通过地方协会、展销会、与客户重要管理者见面等方式进行拜访。

3.3.2 拜访客户时，销售员应保持自信，面带微笑，寻找合适的时机，说明拜访目的。

3.3.3 通过各种沟通技巧去了解客户对本企业产品的态度和需求，及时地记录客户对企业的需求和建议。

3.3.4 收集客户信息。

（1）了解准客户资料。企业的客户群体是在不断调整的，业务员应了解当地市场上潜在客户的资料。当企业需要调整客户时，保证企业有后备的客户资源。

（2）通过寻访客户和其他媒介，调查了解竞争对手的客户关系开展情况，其客户服务工作是如何开展的，包括服务方式、服务流程及业务员的素质等。

（3）为客户进行现场指导，从而达到帮助客户的目的。

（4）调查客户信用异动及其异动发生的原因。

3.3.5 销售员应在了解客户需求情况的基础上，回答客户提出的问题，处理客户的异议，以加强与客户之间的关系。

3.3.6 销售员应与客户进行有效的沟通，拉近客户与企业之间的距离，妥善地协调并解决客户与企业之间的矛盾。

（1）介绍企业信息。让客户了解企业的情况、最近的动态，向客户描述企业的发展前景，有助于树立客户的信心，也有助于在客户心中树立良好的企业形象。

（2）介绍活动信息。向客户介绍本企业的成功经验，向客户介绍一些产品优惠政策。

（3）介绍产品信息。

（4）介绍竞争对手信息。让客户了解竞争对手的情况，并向客户说明本企业的优点。

3.3.7 在拜访客户时，帮助客户发现问题，提出合理的解决办法，是一种实现双赢的做法。

（1）对有潜质的客户，可约定合适的时间，对其进行指导、培训。
（2）多给客户出主意、想办法。
（3）当客户遇到问题的时候，要及时帮助其解决难题，赢得客户的尊重和信任。
（4）了解客户需求，聆听客户异议，并对异议进行处理。
（5）根据客户现状，提供专业化和个性化的服务。
3.4 客户拜访结束后的相关工作规定
3.4.1 填写客户拜访记录表。
3.4.2 落实对客户的承诺。
3.4.3 及时地进行客户回访，再次增加客户的满意度。

拟定		审核		审批	

第三节 客户开发管理表格

一、新客户开户申请表

新客户开户申请表

_____产管中心

公司名称			法定代表人		电话	
公司地址						
客户性质	（ ）特约经销商　（ ）直营工程商　（ ）分销商 （ ）非签约客户				年度合同量（万）	
客户类别	（ ）地区一般纳税人经销商　（ ）小规模纳税人经销商 （ ）地区连锁卖场　　　　　（ ）全国连锁卖场				一般纳税人	（ ）是 （ ）否
公司所有制	（ ）民营　（ ）国营　（ ）合资 （ ）外资　（ ）个体				付款条件	（ ）电汇 （ ）承兑汇票
营业执照号			客户代码号		税务登记证号码	
开户银行名称			账号		财务负责人及电话	
注册资本			开业历史		流动资金	
固定资产			营业面积		门店数量	

续表

商圈范围		仓库面积		安装资质		
销售人员数量		有职称的工程技术人员数量				
发生开票有误、退换货、销售折让时是否能提供"开具增值税红字专用发票通知单"（一般纳税人填写）：					（ ）是	（ ）否
是否要求所有提货均由我公司开具销售发票：					（ ）是	（ ）否

二、新客户认定申请表

新客户认定申请表

报告日期：
客户编号：
销售员：

新客户资格认定			
供应商名称（中文）： 供应商名称（英文）：		注册资本：	
企业性质：国营□　民营□　合资□　外资□　个体□　生产型贸易型			
经营范围：	付款条件：月结□　款到发货□ 其他请说明		经营期限：
采购联系人：	电话号码.：		直线电话：
公司网址：			付款方式：支票□　转账□
通信地址：			
银行名称：			
银行账号（人民币）：			
申请要件			
1.客户开发过程（包括客户信息来源、首次接触时间、首次订单时间等）及历史状况：			
2.预计主要交易产品，预估年营业额及其他需要说明的情况：			
3.利润分析：			
申请人：	经理审核签字： 财务审核签字： 提成比率： 有效期： 批准日期：		
申请日期：			

13

三、客户个人信息卡

客户个人信息卡

公司名称				姓名	
职务			出生年月		
身份证号			血型		
家庭地址					
住宅电话		办公电话		手机	
邮件地址					
教育背景					
毕业院校			毕业时间		
工作时间					
爱好					
特殊兴趣（私人俱乐部、宗教信仰等）					
生活方式（健康状况，是否喜欢抽烟、喝酒，饮食习惯，喜欢的品牌）					
结婚纪念日					
家庭状况		姓名	出生年月	工作单位	就读状况	爱好
	妻子					
	子女					

信息获取时间：　　　　　　　　　　营销员：

四、客户公司信息卡

客户公司信息卡

公司名称	
地址	
法定代表人	
企业性质	
建厂时间	

14

续表

职工人数	
电话	
邮箱	
联系人	采购部经理		手机号	
	业务经理		手机号	
开票资料	
营业执照有效期限	
税务登记证有效期限	
一般纳税人资格证有效期限	
主营产品	
与我公司合作时间	
与我公司合作产品	
合作产品在其公司的重要性	
需求量（吨/年）	
年销售收入	
其他	

日期：

备注：营业执照、税务登记证复印件存档。

五、客户清单

客户清单

产品	客户	电话	邮箱	联系人

六、外出拜访计划表

外出拜访计划表

申请日期：

业务员姓名		拜访时间	
客户姓名		客户联系电话	
客户基本情况			
拜访目的	□初次拜访；□二次拜访；□其他：		
一、见面拜访细节：			
二、客户对公司提出的意见：			
三、对该客户采取的下步计划：			
四、下次拜访时间：			
主管经理签字		总经理签字	

备注：1. 完整仔细填写表格。
　　　2. 每份拜访表需保存完好。
　　　3. 拜访表需主管经理和总经理签字后方可生效。

七、客户关系评估表

客户关系评估表

客户名称： 　　　　　　　　　　　　　　　　　　　　　编号：

评估指标	指标权重	得分	等级	得分依据	备注
合计			标准分		
评估结果及建议	□发展关系　□维持关系　□终止关系				

八、客户联络计划表

客户联络计划表

序号	客户名称	地址	联系方式	联络人员	联络时间	联络目的	联络地点

九、客户联系预定表

客户联系预定表

序号	日期	客户名称	具体时间	负责人	针对部门	备注

十、客户拜访记录表

客户拜访记录表

制表：　　　　　　　　　　　　　　　　填写日期：

客户名称		
详细地址		
拜访对象		
注意事项	成长率	
	信用度	
	总利润率	
	综合评价	
	顺序评核	
	业界地位	
	其他	
已解决的问题		
以后应注意的事项		

十一、客户拜访日报表

客户拜访日报表

日期		星期		填表人		主管		部门经理		经理	
费用项目			金额（元）			备注					
合计											
客户		面谈者		商谈计划（选择）		面谈概要			成果（选择）		
				a b c					A B C D E		
				a b c					A B C D E		
				a. 初次拜访 b. 处理问题 c. 建立关系		A. 商谈成功 B. 有希望 C. 再度访问 D. 无希望 E. 继续观察					
本日拜访数目		本日处理问题			本日未处理问题			同行者			

十二、客户拜访档案记录

客户拜访档案记录

客户名称：

拜访序次	拜访目标	面谈者	商谈内容及问题	商谈结果	存留异议	解决预案	结束面谈时间	下次计划时间

十三、业务工作日志

业务工作日志

业务员：　　　　　　　　　　　　　　　　　　　　日期：

	客户	拜访或交通时间	拜访对象	访谈内容	会谈结果	备注
客户拜访记录		时　分至　时　分				
		时　分至　时　分				
		时　分至　时　分				
		时　分至　时　分				
		时　分至　时　分				
		时　分至　时　分				
	市场分析			产品分析		

	客户	合同号	合同产品	数量	合同金额	缴款金额	备注
销售回款记录							

	时间	协调部门	事件	完成情况	备注
公司内部事务					
主管评价					

出纳：　　　　会计：　　　　主管副总：　　　　部门主管：　　　　制表人：

十四、客户招待申请表

客户招待申请表

申请人		部门			申请日期	
客户名称		宴请场所			宴请日期	
客户方面同席人员		招待费用预算	会议	用餐	交通	礼品	其他	合计
本公司同席人员		金额（元）						
招待事宜安排人员		实际支出额（元）						
招待目的		费用说明						
注意事项								
客户服务部经理审核		总经理审核			财务部审核			

十五、礼品馈赠计划表

礼品馈赠计划表

客户名称	从事行业	负责人	姓名	合作现状	馈赠目的	礼品名称	礼品数量	预算价值（元）	备注

经理：　　　　　　主管：　　　　　　填表人：　　　　　　填写日期：

十六、礼品馈赠申请表

礼品馈赠申请表

礼品馈赠申请部门			礼品管理部门			
馈赠日期	馈赠对象	礼品收受人员	礼品名称	数量	价值（元）	备注
填表人	部门主管	礼品管理人员	办公室主任		副经理	

十七、客户来访接待通知单

客户来访接待通知单

业务员姓名及联系方式：

1. 来客信息

人数：男（　）人；女（　）人；共计（　）人

客户姓名：_____；职务：_____

公司名称：_____；联系电话：_____

客户来访目的（必填）：_____

2. 迎接

是否需要接站：□是（□飞机；□火车；□其他）　□否

到达日期：____月____日；到达时刻_____；班次号_____

迎接详细地点：_____

车辆使用要求：_____

3. 接待

接待领导：□×××　□×××　□×××　□×××　□×××　□×××　□×××　□×××　□其他人员：_____

会议室：□一层会议室　□一层洽谈室　□二层大会议室　□二层小会议室　□二层洽谈室　□三层会议室　□其他：_____

接待物品：□投影仪　□中文产品手册　□英文产品手册　□其他物品：

是否参观车间：□是　□否

主要参观项目：

4. 住宿安排

是否需要安排酒店：□是　□否

酒店档次：□三星　□四星　□五星

房间要求（间数、天数）：

费用支付：□公司承担　□客户承担

5. 就餐

就餐地点：□公司食堂　□外部酒店（酒店名称：　　　　　　　）

就餐标准：□国外　□国内

就餐人数：

就餐时间：

其他要求（如有无忌口等）：

6. 送行

是否需要送站：□是　□否

出发日期及时间：_____；送达地点：_____

7. 其他（如外地客户需要公司安排游玩等其他事项）：

备注：

十八、客户招待报告表

客户招待报告表

客户名称		招待日期		报告人		
招待目的		招待地点		报告时间		
客户同席人员名单		支出费用报告	项目	金额（元）	备注	
			会议			
			用餐			
			住宿			
本公司同席人员名单			礼品			
			交通费			
			合计			
想要收集的信息		注意事项				
		接待效果				
		如何用于今后的活动				
客户服务部经理审核		总经理审核		财务部审核		

十九、客户分级表

客户分级表

客户等级分类	A级（销售额所占比例90%以上）	业种							
		客户名称							
		客户代码							
	B级（销售额所占比例80%~90%）	业种							
		客户名称							
		客户代码							
	C级（销售额所占比例70%~80%）	业种							
		客户名称							
		客户代码							
	D级（销售额所占比例60%~70%）	业种							
		客户名称							
		客户代码							
	E级（销售额所占比例60%以下）	业种							
		客户名称							
		客户代码							

二十、重点客户管理表

重点客户管理表

序号	销售额前 10 名		销售增长率前 10 名		销售利润率前 10 名	
	客户名称	销售额	客户名称	增长率	客户名称	利润率
1						
2						
3						
4						
5						
6						
7						
8						
9						
10						

重点管理客户	销售额目标	将其设为重点客户的原因	实现目标的行动措施
客户服务部经理建议			
总经理建议			

二十一、重要客户对策表

重要客户对策表

序号	客户名称	负责人	销售情况	问题所在	应对策略
扩大重要客户数量的基本方针	1. 2.				
备注					

23

二十二、问题客户对策表

问题客户对策表

序号	客户名称	负责人	销售范围	所在位置	恶化趋势	问题表现	应对策略
1							
2							
3							
4							
备注							

二十三、客户地址分类表

客户地址分类表

序号	客户名称	编号	地址	与公司之间的距离	经营类别	不宜拜访时间	备注

二十四、客户总体分类表

客户总体分类表

分类标准	客户比例			
性别	男性比例		女性比例	
年龄	18岁以下所占比例	18~45岁所占比例	45~60岁所占比例	60岁以上所占比例
地域	乡村比例	城市比例	东部比例 / 西部比例	南部比例 / 北部比例
消费额	高额比例		中额比例	低额比例

续表

需求类型	生产资料需求所占比例		生活资料需求所占比例
工薪水平	3000元以下所占比例	3000～6000元所占比例	6000元以上所占比例
偏好的购物方式	摊点零售比例	市场批发比例	厂家批发比例

二十五、客户区域分析表

客户区域分析表

年度：

年度＼项目	区域	客户数量	占客户总数量的比例	占该区总销售额的比例

审核：　　　　　　　填写：　　　　　　　编制：

二十六、客户销售分析表

客户销售分析表

年度：

客户名称＼产品销售额	A产品	B产品	C产品	D产品	E产品	F产品	G产品	合计
合计								

审核：　　　　　　　填写：　　　　　　　编制：

二十七、新开发客户报告表

新开发客户报告表

客户名称		电话	
公司地址		电话	
主办人员			
推销产品			
第一次交易额及品名			
开拓经过			
备注			
批示			

经理：　　　　　　　　　　　　　　报告人：

二十八、新产品潜在客户追踪表

新产品潜在客户追踪表

编号	产品名称	潜在客户		预定采购时间				预算金额	报价表号码	竞争者	结果
		客户名称	接洽人（电话）	1个月内	3个月内	6个月内	1年内				

二十九、问题客户检核表

问题客户检核表

公司名称	销售负责范围及所在位置	移动方向	问题点	对策

三十、特殊客户申请表

特殊客户申请表

申请人：　　　　　　　　　　　　　　　　　　客户数目：

厂商名称	负责人	经营项目	去年交易金额	本年预计金额	拟给予价格与产品	批示

批示：　　　　　　　　　　　　　　审核：

三十一、客户地域分布表

客户地域分布表

编号	客户房号	客户姓名	原居住地址	成交日期	备注

制表人：　　　　　　　　　　　　　　　　　　填表日期：

三十二、一级客户登记表

一级客户登记表

客户名称	负责人员	经营项目	年交易额	优惠产品及价格

三十三、客户名册登记表

客户名册登记表

序号	姓名	电话	住址	来电来访日期	潜在客户	客户追踪	跟进情况

制表人：　　　　　　　　　　　　　　　　填表日期：

第二章

客户资信管理

第一节　客户资信管理要领

客户资信管理是以客户的信息资源和资信调查为核心的一套规范化管理方法，包括企业内部信息开发、客户信息管理、资信调查、客户信用分级管理等。

一、客户资信管理的内容和注意事项

1. 内容

客户资信管理是信用风险管理的基础工作，主要要求企业全面收集管理客户信息，建立完整的数据库，并随时地修订、完善，实行资信调查制度，筛选信用良好的客户。其管理内容主要包括：

（1）客户信息的收集和资信调查。

（2）客户资信档案的建立和管理。

（3）客户信用分析管理。

（4）客户资信评级管理。

（5）客户群体的经常性监督与检查。

2. 注意事项

客户资信管理的核心是对客户进行信用分析和信用等级评价。通过对客户所有相关财务及非财务信息进行整理、分析，得出客户的偿债能力评估。它需要运用专门的信用分析技术和模型并结合专业人员的经验来完成。同时，企业在客户资信管理过程中需注意以下问题：

（1）客户信用信息的搜集问题。

（2）信息的分散管理问题。

（3）业务人员垄断客户信息的问题。

（4）判断客户信用的方法。

（5）赊销业务的风险失控和货款难以收回的问题。

二、客户资信的调查程序

一般来说，企业对客户资信进行调查时，应按照以下步骤实施：

1. 签订委托合同

明确调查项目、调查目的、调查方式，签订委托合同，在签订合同时应注重以下几个关键点：

（1）应当审核调查项目的合法性与可行性，对不合法或不可行、服务费用无法达到调查目的的委托，不得接受。

（2）应当根据委托人的调查目的，就调查项目与调查方式向委托人提供专业建议，以帮助委托人实现其目的。

（3）应当对调查目的、调查项目、调查方式、收费额、收费方式与委托方达到理解一致。

2. 制订调查计划

根据合同确定的调查项目、调查目的、调查方式，制订调查计划，经信用机构负责人或其授权的工作人员批准后，实施计划。

3. 撰写调查报告

在撰写调查报告时，调查人员应关注以下几个方面：

（1）对秘密信息或技术专利信息，要明确告知委托方该类信息的使用范围与注意事项。

（2）要根据被调查方在通知调查中的配合程度与提供资料的诚信度，对被调查方的主观诚信度给予客观的评价。

（3）对履约能力的评价，要谨慎、客观。

（4）除信息来源方要求保密外，应将信息来源告知委托方。

第二节　客户资信管理制度

一、客户分级管理制度

标准文件		客户分级管理制度	文件编号	
版次	A/0		页次	
1.目的 根据客户等级分布及客户价值来策划配套的客户服务项目，针对不同客户群				

体的需求特征、采购行为、期望值、信誉度等制订不同的营销策略，配置不同的市场销售、服务和管理资源，对大客户要定期拜访与问候，确保大客户的满意程度，借以刺激有潜力的客户等级上升，使企业在维持成本不变的情况下，创造出更多的价值和效益。

2. 适用范围

适用于公司所有客户的分级管理。

3. 分类等级

根据年度销售额、销售价格、货款回收情况等多项综合指标，对公司所有客户分三级进行评估管理。

3.1 依据销量指标进行评估，如下表所示。

序号	客户级别	评估原则	备注
1	A级	销量及销售价格、货款回收综合居于前列	各销售部门每季度汇总销售总额，分析客户的稳定性及影响因素、成长与提升空间、是否该放弃客户；在销售服务与跟进上切实实行"保A扶B放C"原则
2	B级	销量及销售价格、货款回收相对正常	
3	C级	各项评分落后	

3.2 依据综合指标进行评估，如下表所示。

序号	评定指数	评定内容（以 A\B\C 为三级标准）
1	销售总额	年度销售额是否占到一定比例，销售状态是否稳定
2	销售价格	销售价格是否能保证公司的正常盈利
3	货款回收	货款回收是否及时，是否有现款
4	订单计划性	订单下单有无良好的计划性
5	产品满足度	××产品对客户是否适用
6	沟通一致性	双方在沟通上是否和谐
7	可持续合作性	合作时限，有无长期共同发展的意愿
8	经营人员互访	双方对接人员是否有经常性的各种联系

4. 职责

4.1 销售部负责对客户的具体分类管理与服务、维护与提升工作；负责提供客户销售数据分析等相关资料；负责定期对公司所有客户进行分类级别的评定和修改更新。

4.2 财务部负责客户资信等级的评定、货款核实、对账调账等相关工作。

5. 规范与程序

5.1 客户分类的评定办法。

5.1.1 客户分类的评定时间：每年进行一次客户分类的综合评定，包含所有客户的资信等级的审定。一般在每年3月份的25～30日。

5.1.2 客户分类的评定组织：各销售经理负责事先对所管辖区域的客户，根据其销售额、合作状况及发展趋向等相关指标进行初步评级，并填写"客户质量等级评估表"。由各销售部经理以会议形式进行讨论复评，并修正"客户质量等级评估表"。

5.1.3 客户分类的几个关键点：

（1）确定A级客户的名单，并针对A级客户制订生产及销售服务支持计划。

（2）对于享有公司特殊政策的客户，要核实其稳定性，并就需要调整的政策提出新的建议。

（3）对于新合作的客户，按每次合作状况对照客户质量评定，来暂时定级，在合作满6个月后再进行评估。

5.2 客户分类管理由销售员在日常的各项工作认真贯彻实施，由销售经理具体安排与组织定期抽查，由销售主管在日常订单审批中予以确认。

6. A级客户的管理

6.1 A级客户概念。

A级客户是公司营销网中的重点客户。A级客户因为有共同发展的愿望与意识，所处市场容量大，与公司合作讲诚信、信誉好，竞争力与实力强，并且有良好的发展潜力，成为公司营销网中的主导者、基本力量和最主要的合作者。A级客户的确认与管理是服务与优惠政策结合的过程管理。A级客户不采用终身制，依据年度综合数据进行评定。

6.2 A级客户的内部管理与服务支持。

6.2.1 A级客户长期合作协议的拟订、修正，由销售经理会同销售主管执行。

6.2.2 A级客户的申报评估与确认，每年度进行一次，具体时间依年度安排而定；由销售经理申报，销售经理审核，总经理和董事长批准。

6.2.3 对于A级客户的订单应尽可能争取，如因其他原因需拒单，则需要销售经理及以上审核予以确认。

6.2.4 对于A级客户的订单，在同等情况下，生产部门需优先安排，优先保障。

6.2.5 在日常工作中，各项生产资源、销售资源均应该向为公司提供更多利益的A级客户倾斜。

6.2.6 销售人员或销售主管应经常联络，定期走访A级客户，为他们提供快捷、周到的服务，使其享受最大的实惠。

6.2.7 销售人员应密切注意 A 级客户所处行业发展趋势、企业人事变动等其他异常动向。

6.2.8 公司应优先处理 A 级客户的诉求和投诉。

7. B、C 级客户的管理

7.1 对 B 级客户参照 A 级客户的管理办法进行管理，但不能与 A 级客户订单相冲突。具体政策可依客户及生产的具体情况适时制定。

7.2 对 C 级客户按一般流程进行管理，销售经理在其订货时需把控价格及付款方式和期限，作为对 AB 两类订单的补充。

7.3 B、C 级客户的订单，部分价格高、付款条件好的，销售人员可向销售经理及以上管理者申请成为 A 类订单，享受 A 级客户的生产待遇。

拟定		审核		审批	

二、客户信用管理制度

标准文件		客户信用管理制度	文件编号	
版次	A/0		页次	

1. 总则

1.1 为规范和引导业务人员和销售经理的营销行为，有效控制商品销售过程中的信用风险，降低财务风险，特制定本制度。

1.2 销售经理和业务人员应严格执行本制度的规定，对客户实施有效的信用管理，加大货款回收力度，防范信用风险，减少呆坏账。

1.3 公司董事会和经营班子根据本制度及公司相关规定，对公司客户信用管理实施指导、检查，并对责任人进行考核和奖惩。

1.4 释义。

1.4.1 信用风险：指公司的客户到期不付货款或者到期无能力付款的风险。

1.4.2 授信：指公司对各区域内的客户所规定的信用额度和回款期限。

1.4.3 信用额度：指对客户进行赊销的最高额度，即客户占用本公司资金的最高额度。

1.4.4 回款期限：指给予客户的信用持续期间，即自发货至客户结算回款的期间。

2. 授信原则与流程

2.1 授信原则。

销售经理、业务员对客户授信时应遵循以下原则：

2.1.1 公司对现有客户应坚持回多少款发多少货的销售原则，原则上应采取措施减少应收账款，不再增加赊销业务、扩大赊销额度或延长回款期。

2.1.2 公司对客户实施授信总额控制，原则上公司授信总额不能超过20××年1月1日应收账款的余额。

2.1.3 公司应根据客户的信用等级实施区别授信，确定不同的信用额度。

2.1.4 在销售合同中注明客户的信用额度或客户占用本公司资金的最高额度，但在执行过程中，应根据客户信用变化的情况，适时地调整信用额度。

2.2 授信流程。

公司销售经理或业务人员对客户授信时应遵守以下规程：

2.2.1 客户资信调查。

2.2.2 客户信用等级评定。

2.2.3 根据客户信用等级确定其信用额度。

2.2.4 客户授信的执行和监督。

2.2.5 客户授信的检查与调整。

3. 客户资信调查

3.1 客户资信调查是指公司对客户的资质和信用状况所进行的调查。

3.2 客户资信调查的要点。

3.2.1 客户基本信息。

3.2.2 主要股东及法定代表人或主要负责人。

3.2.3 主要往来结算银行账户。

3.2.4 企业基本经营状况。

3.2.5 企业财务状况。

3.2.6 本公司与该客户的业务往来情况。

3.2.7 该客户的业务信用记录。

3.2.8 其他需调查的事项。

3.3 客户资信资料可以从以下渠道取得：

3.3.1 向客户寻求配合，索取有关资料。

3.3.2 与客户进行接触并观察。

3.3.3 向工商、税务、银行、中介机构等单位查询。

3.3.4 公司所存客户档案和与客户往来交易的资料。

3.3.5 委托中介机构调查。

3.3.6 其他。

3.4 公司的业务人员负责进行客户资信调查，保证所收集客户资信资料的真实性，认真填写"客户信用调查评定表"，报公司财务主管、片区经理、营销经理、副总经理审核，填表人应对"客户信用调查评定表"内容的真实性负全部责任。

3.5 公司财务主管负责对报送来的客户资信资料和"客户信用调查评定表"进行审核，重点审核以下内容：

3.5.1 资信资料之间有无相互矛盾。

3.5.2 本公司与该客户的业务往来情况。

3.5.3 该客户的业务信用记录。

3.5.4 其他需重点关注的事项。

3.6 客户资信资料和"客户信用调查评定表"每季度要全面更新一次，期间如果发生变化，业务员应及时地对相关资料进行补充修改。

4. 客户信用等级评定

4.1 所有与本公司发生交易的客户均需进行信用等级评定。本公司将客户的信用等级分为 A、B、C 三级，相应代表客户信用程度的高、中、低三等。

4.2 评为信用 A 级的客户应同时符合以下条件：

4.2.1 双方业务合作一年或以上。

4.2.2 过去 2 年内与公司合作没有发生不良欠款和其他严重违约行为。

4.2.3 守法经营、严格履约、信守承诺。

4.2.4 最近连续 2 年经营状况良好。

4.2.5 资金实力雄厚、偿债能力强。

4.2.6 年度回款达到公司制定的标准。

4.3 出现以下任何情况的客户，应评为信用 C 级：

4.3.1 过往 2 年内与公司合作曾发生过不良欠款或其他严重违约行为。

4.3.2 经常不兑现承诺。

4.3.3 出现不良债务纠纷，或严重的转移资产行为。

4.3.4 资金实力不足，偿债能力较差。

4.3.5 经营状况不良，严重亏损，或营业额持续多月下滑。

4.3.6 发现有严重违法经营现象。

4.3.7 出现国家机关责令停业、整改情况。

4.3.8 有被查封、冻结银行账号危险的。

4.4 原则上新开发或关键资料不全的客户不应列入信用 A 级。不符合 A、C 级评定条件的客户定为 B 级。

4.5 公司副总经理以"客户信用调查评定表"等客户资信资料为基础，会同经办业务员、片区经理、公司财务主管一起初步评定客户的信用等级，并填写"客户信用等级分类汇总表"，报公司总经理审批。

4.6 在客户信用等级评定时，应重点审查以下项目：

4.6.1 客户资信资料的真实性。

4.6.2 客户最近的资产负债和经营状况。

4.6.3 与本公司合作的往来交易及回款情况。

5. 确定客户信用额度

5.1 授信中有关赊销概念的界定。

5.1.1 赊销：指客户未支付货款，货物已经由本公司向客户方发生转移的销售业务活动。

5.1.2 长期赊销：指在签署的销售合同中，允许客户按照一定的信用额度和回款期限进行赊销的业务活动。

5.1.3 临时赊销：指在签署的销售合同中，不允许客户进行赊销，但在实际销售业务中，由于特殊情况，经过审批，按照相对较小的信用额度和较短的回款期限，个别进行赊销的业务活动。

5.2 对于 A 级客户，可以给予一定授信，但须遵循以下原则：

5.2.1 对于原来没有赊销行为的客户，不应授信；实际的经营过程中，在非常必要的特殊情况下，由公司总经理批准后可以给予临时赊销，原则上赊销信用额度最高不超过该客户的平均月回款额，回款期限为 1 个月以内。

5.2.2 对于原来已有赊销行为的客户，由公司总经理批准后，可以根据其销售能力和回款情况给予长期赊销信用，原则上赊销信用额度最高不超过该客户的 2 个月回款额。如果原有赊销额低于本条款标准的，信用额度按从低标准执行，并应逐步减少至回款期限为 1 个月以内。

5.3 对于 B 级客户，原则上不予授信；确有必要，必须严格办理完备的不动产抵押等法律手续后，由部门经理上报公司副总经理审批，经批准后才可执行长期赊销或临时赊销，其赊销信用额度必须不超过该客户的平均月回款额，同时不超过抵押资产额度。如果原有赊销额低于本条款标准的，信用额度按从低标准执行，并应逐步减少。其长期赊销回款期限为 1 个月，临时赊销回款期限为 15 天。

5.4 对于评为 C 级的客户，公司不得增加授信和给予任何新的赊销，并派专人回收账款。

5.5 依据"客户信用调查评定表"及销售公司目前交易客户的赊销情况，业务部经理还应将赊销（或代销）客户（包括授信客户和虽不是授信客户但已发生赊销、代销行为的客户）进行汇总，并填写"赊销、代销客户汇总表"，报公司副总经理批准。

5.6 客户授信额度由公司副总经理审批后，将"客户信用调查评定表""客户信用等级分类汇总表""赊销、代销客户汇总表"和销售合同、相关资料复印件交给公司财务主管保管，作为日常发货收款的监控依据。

6. 客户授信的执行与监督

6.1 公司业务人员应严格执行客户信用管理制度，按照公司授权批准的授信范围和额度区分 ABC 类客户进行销售，同时加大货款清收的力度，确保公司资产的安全。

6.2 公司财务主管具体承担对公司授信执行情况的日常监督职责，应加强对业务单据的审核，对于超出信用额度的订单，必须在得到上级相关部门的正式批准文书之后，方可办理。发生超越授权和重大风险情况，应及时上报公司副总经理。

6.3 对于原赊销欠款或代销铺底金额大于所给予信用额度的客户，应采取一定的措施，在较短的期间内压缩至信用额度之内。

6.4 对于原来已有赊销欠款或代销铺底的不享有信用额度的客户，应加大货款清收力度，确保欠款额或铺底额只能减少不能增加，同时采取一定的资产保全措施，如担保、不动产抵押等。

6.5 对于赊销代销客户必须定期对账、清账，上次欠款未结清前，原则上不再进行新的赊销和代销。

6.6 合同期内客户的赊销或代销欠款要回收清零一次。合同到期前一个月内，销售公司应与客户确定下一个年度的合作方式，并对客户欠款全部进行清收。

6.7 销售公司应建立欠款回收责任制，将货款回收情况与责任人员的利益相挂钩，加大货款清收的力度。

6.8 公司财务部每月必须稽核销售公司的授信及执行情况。

7. 客户授信的检查与调整

7.1 公司必须建立授信客户的月度、季度检查审核制度，对客户授信实施动态管理，根据客户信用情况的变化及时调整授信，确保授信安全，发现问题立即采取适当的解决措施。

7.2 业务员每月要对享有信用额度客户的经营状况作出书面汇报，如客户为经销商，汇报的内容应包括其总体销售情况、销售本公司产品情况、任务完成情况等，并对汇报的真实性负全部责任。

7.3 公司财务主管负责提供相应的财务数据及往来情况资料，每月填写"客户授信额度执行评价表"后交公司副总经理审核，财务主管对财务数据的真实性负责。

7.4 业务部经理审核业务员和财务部的书面汇报后，签署书面评价意见，必要时可对客户的信用额度进行调整，报公司副总经理批准后作为业务部及财务部下一步的监控依据。

7.5 原则上调整后的信用额度应低于原信用额度。

8. 罚则

公司对业务员或公司其他人员超越授信范围从事业务经营的行为，须令其限期纠正和补救，并视越权行为的性质和造成的经济损失对其主要负责人和直接责任人予以下列处分：

8.1 警告。

8.2 通报批评。

8.3 追究行政责任。

8.4 经济处罚。

8.5 追究法律责任。

拟定		审核		审批	

三、客户信用期限和信用额度管理制度

标准文件		客户信用期限和信用额度管理制度	文件编号	
版次	A/0		页次	

1. 目的

1.1 为规范往来客户的信用评级授信及其后续管理工作，有效地控制销售过程中的信用风险，减少应收账款的呆坏账，加快资金周转，结合本公司实际情况制定本制度。

1.2 本制度的具体目标包括以下内容：

1.2.1 对客户进行信用分析，确定客户的信用额度。

1.2.2 迅速从客户群中识别出存在信用风险、可能无力偿还货款的客户。

1.2.3 财务和销售人员紧密合作，提供意见和建议，尽可能地在扩大销售额的同时避免信用风险。

2. 适用范围

本制度适用于本公司往来客户的授信业务及其后续管理。

3. 职责分工

销售人员负责客户授信的操作及其后续管理工作，财务负责对该项业务的监督和账期提醒，销售主管和经理负责审核。

4. 具体内容

4.1 信用期限

信用期限是公司允许客户从购货到付款的最长间隔时间。根据行业特点，信用期限为 30～60 天不等。对于利润率高的产品，能给予较长的信用期限；对于利润率低的产品，给予的信用期限较短甚至采用现款现货。根据客户特点，给予信用期限的客户必须为拥有营业执照的正规公司，月销售额 ×× 万元以上，在业界声誉较好。

4.2 客户信用申请

4.2.1 无论是信用调整还是新客户授信，都需要填写"客户信用申请表"，其中客户基本情况包含但不仅包含客户用量、品种等。

4.2.2 出现以下任何情况，则该客户的信用申请不予通过（老客户信用取消）：

（1）过往 2 年内与本公司合作曾发生过不良欠款、欠货或其他严重违约行为。

（2）经常不兑现承诺。

（3）出现不良债务纠纷或严重的转移资产行为。

（4）资金实力不足，偿债能力较差。

（5）生产、经营状况不良，严重亏损，或营业额持续多月下滑。

（6）最近对方产品生产、销售出现连续严重下滑现象，或有不公正行为（例如以质量客诉为由，拖欠正常无客诉货款）。

（7）出现国家机关责令停业、整改情况。

（8）客户已被其他供应商就货款问题提起诉讼。

4.3 申请过程

4.3.1 销售人员如实填写申请表，经业务主管审核后报给部门经理，得到批准后方可执行。

4.3.2 申请表审批后，需要签订正式的合作协议，协议要根据批准的信用申请表明确信用额度和账期。

4.4 过程管理

（1）信用生效后，销售人员要根据授信情况及时地跟客户沟通回款情况；财务要起到监督和督促作用。

（2）信用额度审批的起点，是在接受销售订单之前；如客户信用额度超额，业务员将无法下单。

（3）所有货物的发出需经过财务审批，如客户应收账款余额超过信用额度，客户仍未回款，财务有权通知仓库停止发货。

（4）对于超出信用额度的发货，财务人员必须在填写并完成"临时额度申请表"的审批程序或是得到上级相关部门的正式批准文书后，方可通知仓库发货。

如发生超越授权和重大风险情况，应及时地上报公司管理者。

4.5 资料存档

客户的信用期限申请表和合作协议为公司的重要档案，所有经管人员须妥善保管，不得遗失，如有公司部分岗位人员调整和离职，该资料的移交将作为工作交接的主要部分，凡资料交接不清的，责任自负。

拟定		审核		审批	

四、客户信用风险管理制度

标准文件		客户信用风险管理制度	文件编号	
版次	A/0		页次	

1. 总则

1.1 为有效防范和控制由于客户信用风险给公司经营可能造成的损失，保证公司信用付款（预付账款、赊销账款）的安全回收，特制定本制度。

1.2 公司各业务部在业务活动过程中必须遵守本制度。

2. 客户信用风险及评定适用范围

2.1 客户信用风险是指与公司存在业务关系的客户，其在自身经营过程中由于经营者素质、管理方法、资本运营、生产水平、经营能力等各方面因素造成其在资金支付、商品交付过程中出现危机，使公司对其的预付款项、赊销款项无法安全回收，致使公司出现损失的可能性。

2.2 公司与客户在交易结算过程中采用预付款、赊销方式时使用客户信用等级评定指标对客户进行信用等级评定。公司按客户信用评定等级设定预付、赊销额度或比例，客户信用风险等级越高，与其交易的安全性越低，公司授予其的信用额度越低；客户信用风险等级越低，与其交易的安全性越高，公司授予其的信用额度越高。

3. 客户信用等级评定要素

3.1 客户信用等级评定指标由客观评价指标（财务数据、非财务数据）、主观评价指标组成。

3.1.1 财务数据指标权重为50%。

3.1.2 非财务数据指标权重为30%。

3.1.3 主观评价指标权重为20%。

3.2 财务数据指标包含资产负债率、流动比率、净资产收益率、销售收入总额、经营性现金流量、资产总额，六项指标权重合计为50%，细分如下：

3.2.1 资产负债率权重为10%。

3.2.2 流动比率权重为10%。

3.2.3 净资产收益率权重为10%。

3.2.4 销售收入总额权重为10%。

3.2.5 经营性现金流量权重为5%。

3.2.6 资产总额权重为5%。

3.3 非财务数据指标包含国别、营业年限、所有制、公司品牌、质量认证、政策性业务，六项指标权重合计为30%，细分如下：

3.3.1 国别权重为5%。

3.3.2 营业年限权重为5%。

3.3.3 所有制权重为7%。

3.3.4 公司品牌权重为4%。

3.3.5 质量认证权重为4%。

3.3.6 政策性业务权重为5%。

3.4 主观数据指标包含客户经营稳定性、客户人员总体素质、客户对公司的依存度、客户与公司合同履约率、客户市场知名度、客户经营发展趋势，六项指标权重合计为20%，细分如下：

3.4.1 客户经营稳定性权重为4%。

3.4.2 客户人员总体素质权重为3%。

3.4.3 客户对公司的依存度权重为3%。

3.4.4 客户合同履约率权重为4%。

3.4.5 客户市场知名度权重为3%。

3.4.6 客户经营发展趋势权重为3%。

3.5 各项指标分值为10分制，具体评分标准参见《客户信用风险评估标准》。

4. 客户信用风险等级申请管理

4.1 各业务部在与客户进行交易时，均需向公司风险管理部提出客户信用额度申请。

4.2 各业务部申请客户信用额度需提交以下资料：

（1）客户基本信息表。

（2）客户基本信息表附属资料（上年度经年检的营业执照复印件，上一年度的资产负债表、损益表、现金流量表）。

4.3 业务员根据取得的资料，将客户信息及相关财务数据输入公司ERP系统，并对信用风险进行主观评估。公司ERP系统将根据客户信息自动生成"信用风险考核分值表"。各业务部经理应对本部门的申请资料及业务员评分结果进行审核并负责。

4.4 风险管理部根据业务部提出的申请，对申请资料及附属资料进行审核，审核无误后，对"信用风险考核分值表"进行汇总，并由 ERP 系统自动计算客户信用等级。

4.5 风险管理部根据客户信用等级评估结果，提出客户授信额度或预付款比例，并将评级结果、授信额度通知业务部。如无异议，报副总经理和总经理审批。

4.6 业务部如对评级结果或授信额度有异议，可将有关意见会商风险管理部，并报副总经理、总经理审批。

5. 客户信用风险等级使用管理

5.1 各业务部在编制业务合同预算时，若客户要求预付款或赊销，由业务员提出使用额度申请，报业务部总经理审核。业务部总经理审核后，报风险管理部进行额度使用复核。

5.2 业务员可在信用额度内，与客户进行涉及信用额度的结算和交易。在业务进行中，按公司付款审批流程进行款项支付的申请，经有权审批人同意后可以付款。该授信额度如未使用完毕，可以在下次交易中继续使用，但实际占用时点数不能超过额度总额。

5.3 如因业务需要，对客户的信用支付超过信用额度，由业务部提出申请，经业务部经理同意后报风险管理部，由风险管理部根据业务实际情况、客户历史交易情况等提出意见，报主管副总经理、总经理审批。

5.4 同一客户只能申请一个授信额度，如公司内多个业务部与同一客户有业务关系，则信用额度的使用按优先原则。

5.5 对客户预付款采购货物入库、赊销的货款入账后，客户使用的信用额度即清除。某一客户的信用额度的使用在时点上不能超过其信用额度余额。如需超额使用，则参照公司制度执行。

5.6 客户信用额度原则上每年审批一次，中间不做调整。

6. 信用风险评估岗位职责

6.1 公司总经理、各部门经理、业务人员应在客户信用风险评估过程中严格遵守公司相关规定，严格按照授权操作，对各自经办和审核的内容负责。

6.2 业务员应负责取得申请授信额度客户的相关资料，并对取得资料的真实性负责；审核录入信息是否准确；保证评分的客观性。

6.3 业务部经理应对业务员输入信息进行初审，并审核业务人员评分结果是否合理。

6.4 风险管理部应对业务部输入信息进行审核，保证输入的基本信息准确无误；对业务部评分结果进行复核，对不合理内容有权要求业务部重新核定；根据评级结果确定客户信用额度，应保证核定额度客观、公正；负责对业务部提供的客户文字资料进行保管，并建立客户资料数据库，保证客户资料的完整、连续；每年年终后，对客户评级进行年度审核和更新；定期向公司通报和即时提供客户资信评级；跟踪客户及业务部授信额度余额，审批单笔放账额度，提出同意或否决意见。

6.5 副总经理应对风险管理部评定等级、确定额度事项进行审核，对不合理的内容有权要求业务部、风险管理部重新核定。

6.6 公司总经理对客户信用评级及信用额度享有最终审批权，并对审批结果负责；对业务部、风险管理部评定等级、额度如有异议，有权要求业务部、风险管理部作出解释，并要求重新核定。

7. 附则

7.1 本制度的解释和修改由公司风险管理部负责。

7.2 本制度自××××年××月××日起试行。

拟定		审核		审批	

第三节　客户资信管理表格

一、客户资信调查表（1）

客户资信调查表（1）

客户名称：　　　　　　　　　　　　　　　　　　　　填表日期：

法定代表人基本情况		注册资本金注册时间经营年限	
企业素质	人员素质： 管理素质：	注册地址及经营地址	
企业经营范围		客户总资产净资产	
负债情况偿债能力	银行贷款额： 其他欠款额： 年偿还欠款额：	盈利能力	过去3年： 现在月均盈利

44

续表

企业 知名度	决策人声誉 企业信誉（好，一般，差）	企业过去 信誉程度	应付款支付情况： 过去履行合同：
固定资产 总额		流动资 金情况	
公司联系 电话号码		公司邮箱	
其他客户对该 客户评价情况		其他情况	
初步意见：			

填表说明及要求
 1. 本表对客户所进行的资信调查，作为客户档案的组成部分，为以后和客户的再次合作和长期合作提供参考依据。
 2. 若客户的相关资料发生变化，要及时地更新并重新评估。
 3. 本表作为客户综合评审制度的一部分，需会同业务部、财务部进行填制。
 4. 客户名称：作为集团、公司合作关系，包括所有经营业务对应的服务客户。
 5. 填表日期：填写客户资信评估表的具体日期。
 6. 法定代表人基本情况：客户法定代表人的名称、性别、年龄、学历、经历等。
 7. 注册资本金、注册时间、经营年限：通过客户营业执照反映，总括了客户作为经营实体的综合实力及可持续发展状况。
 8. 企业素质：体现于企业文化，人员素质代表公司的软件水准，作为该企业的第一资源；管理素质代表了公司的管理风格，进而判断企业的文化。
 9. 注册地址及经营地址：通过客户营业执照反映，但应特别注意其经营地址是否与营业执照注明地址一致，如不一致需予以特殊说明。
 10. 企业经营范围：通过客户营业执照反映客户的经营理念及可持续发展状况，应特别注意与其交易的事项是否属于上述经营范围，以及客户有无除上述经营范围之外的其他经营活动，以评估交易风险。
 11. 客户总资产、净资产：通过客户资产负债表可得到此数据，总资产代表客户经营实体规模，净资产代表客户的最终还款能力。
 12. 负债情况/偿债能力：客户的负债情况、偿债能力反映客户的商业信用及资金周转情况，可用来评估交易风险等级。
 13. 盈利能力：客户不同阶段营运业绩的考察，通过对经营能力的评估，来决定与其进行交易的合作伙伴关系等级。
 14. 企业知名度：指客户所经营业务在同行业中的地位，一是通过经营业绩、财务状况、信用等级、售后服务等确定；二是通过该行业的协会或杂志等各种权威排名确定。如为中小规模企业则以企业决策人的声誉为判断依据；如为中上规模企业则以企业的声誉为主要评估依据。
 15. 企业过去信誉程度：指本公司与该客户过去交易或合同事项的信用记录。
 16. 固定资产总额：通过客户资产负债表得到数据，评判客户经济实体的运营规模、可抵押能力等指标。
 17. 流动资金情况：通过客户资产负债表得到数据，反映客户的偿还债务能力及现金流量状况。
 18. 公司联系号码：客户经营场所的联系电话号码。
 19. 公司邮箱：客户经营场所联系邮箱号码。
 20. 其他客户对该客户的评价情况：第三方对该客户的信息反馈资料，作为一个重要参考依据。
 21. 其他情况：除上述以外，对客户资信评估产生影响的因素，如该客户的重要背景资料等。
 22. 初步意见：业务部对客户评估得到的基本结论。
 23. 制表人：业务人员。
 24. 部门经理：业务经理。
 25. 主管领导：营销总监。

二、客户资信调查表（2）

客户资信调查表（2）

一、企业基本情况

客户名称	
经营地址	
联系电话	
法定代表人	
工商注册号	
成立日期	
注册资金	
登记机关	
经营期限	
所属行业	
经营范围	
结算方式	

二、人力资源信息

法定代表人	姓名		性别		年龄	
	职务			在职时间		

主要股东	主要股东	出资金额	持股比例

经营管理者	姓名	职务	在职时间

在职人员	在职人员总数____人
	人员素质：硕士及以上____人；本科____人；专科人；专科以下____人
	职员构成：管理人员____人；技术人员____人；销售人员____人；商务财务人员____人

三、物资资源信息

生产经营场所	□自有_____平方米； □市区　□郊区 地址为：_____； □租借_____平方米。
固定资产	公司车辆：□有____辆，□无 公司自有房产： 有，地址为：_____； □无 主要设备：

四、经营管理状况

管理状况	岗位设置	□岗位设置混乱；□岗位设置不完整；□岗位设置合理
	现场营运管理	□工作现场杂乱无序，员工工作职责不明确 □工作现场一般，员工无明确工作职责 □工作现场秩序良好，员工工作职责明确
	收发货手续规范程度	□手续不规范，有单据；□手续规范，单据齐全
经营状况	主营业务	销售地域	主要客户	市场对客户产品的需求

五、财务及银行信用记录

主要财务数据	上年度年销售收入	
	净利润	
	流动资产	
	净资产	
	负债总额	
	流动负债	
银行及信用记录	开户银行	银行账号

47

六、关联企业信息

关联企业信息	□有母公司，□无母公司 名称：_____ □有子公司，□无子公司 名称：_____ □有分公司，□无分公司 名称：_____ 其他关联公司：_____

七、行业发展趋势

客户所在行业的现状	
客户在行业中的地位及未来发展趋势	

三、客户基本信息采集表

客户基本信息采集表

一、客户基本情况
1. 客户名称（国别）：_____
   注册地点／执照号：_____ 通信地址／邮编：_____
   法人代表：_____ 注册资本：_____
   电话：_____ E－mail：_____
2. 客户所有制性质：_____
   中国：国务院主管企业 □   中外合作企业 □
         外商合资企业 □   外商独资企业 □
         政府、事业单位 □ 民营、乡镇企业 □
   国外：国有 □ 上市公司 □ 私有 □
         世界五百强企业 □ 与公司业务密切企业 □
3. 是否政策性业务：是 □ 否 □
4. 已营业年限：____年

二、客户财务情况
财务报表年份：_____ 报表是否审计：是 □ 否 □
总资产：_____ 所有者权益：_____ 销售收入总额：_____
流动比率：_____ 流动资产／流动负债：_____
资产负债率：_____ 负债总额／资产总额：_____
净资产收益率：_____ 净利润／所有者权益：_____
经营性现金流量：_____

部门：_____ 业务员：_____ 部门总经理：_____

四、客户静态信息表

客户静态信息表

填表人：　　　　　　　　　　　　　　　编号：

基础信息			
公司名称		性质	
地址		邮编	
电话		传真	
网址		E—mail	
经营范围		法人代表	
税号		结算方式	
开户银行		账号	
备注			

联系人信息								
姓名	性别	生日	职务	电话	手机	邮箱	爱好	
备注								
姓名	性别	生日	职务	电话	手机	邮箱	爱好	
备注								
姓名	性别	生日	职务	电话	手机	邮箱	爱好	
备注								

注：
1. 客户性质：业主、甲方、经销商、分销商、合作伙伴等。
2. 结算方式：现款现货，先货后款，滚动结算。
3. 联系人备注栏：联系人家庭成员情况等。

五、客户交易记录表

客户交易记录表

客户类别：＿＿＿＿＿＿＿＿＿＿　　　客户简称：＿＿＿＿＿＿＿＿＿＿
总体评价：＿＿＿＿＿＿＿＿＿＿

49

一、往年交易记录

年度	数量	金额	价格	销售贡献率	已付款	尚欠款	欠款原因
备注							

二、本年交易情况

数量	金额	价格	销售贡献率	已付款	尚欠款	欠款原因
客户信用评价	业务员评价：					
	大区经理评价：					
退（换）货情况						
客户服务记录						

三、联系人评价

姓名	评价

六、客户信用调查评定表

客户信用调查评定表

1.基本信息	
客户名称	
公司地址	
企业性质	□国有　□集体　□合资　□私企　□个体　□有限责任公司
营业执照登记机关	
企业负责人	成立时间

续表

2. 主要股东和主要负责人							
姓名	性别	职位	办公电话	手机	出生年月

3. 主要往来结算开户银行	
项目	往来银行
银行名称	
账户号码	
账户名称	
开户日期	
经常存款余额（位数）	

4. 基本经营状况	
（1）主营产品	
（2）年销售收入	
（3）盈利状况	□良好　□一般　□较差
（4）最近连续2年经营状况	□良好　□一般　□较差
（5）客户资金实力	□雄厚　□一般　□较差
（6）客户偿债能力	□良好　□一般　□较差
（7）没有严重违法经营行为	□是　□否
（8）该客户经营风险及未来盈利能力的预测	

5. 与该客户的业务往来情况			
（1）与本公司合作时间满1年	□是　□否	（2）历年采购本公司产品总额	
（3）该客户采购额占本公司产品在该地区的销售总额比例		（4）年度回款是否达到公司制定的标准	□是　□否

6. 该客户的业务信用记录			
（1）以前的结算方式		（2）以前核定的信用额度	
（3）没有超信用额度记录	□是　□否	最高欠款额	

续表

（4）没有跨月结算现象	□是 □否	跨月结算现象是否频繁	□是 □否
（5）最近合作2年内没有发生不良欠款行为	□是 □否	（6）最近合作2年内没有发生严重违约行为	□是 □否
7.C级信用客户核定标准			
（1）过往2年内与我方合作曾发生过不良欠款或其他严重违约行为			□是 □否
（2）经常不兑现承诺			□是 □否
（3）出现不良债务纠纷，或严重的转移资产行为			□是 □否
（4）资金实力不足，偿债能力较差			□是 □否
（5）经营状况不良，严重亏损，或营业额持续多月下滑			□是 □否
（6）最近销售本公司产品出现连续严重下滑现象，或有不公正行为			□是 □否
（7）发现有严重违法经营现象			□是 □否
（8）出现国家机关责令停业、整改情况			□是 □否
（9）有被查封、冻结银行账号危险的			□是 □否
8.该客户信用额度核定			

注：A.核定为A级信用的客户须在本表第4、5、6项中所有选项获最优评价；
　　B.在本表第7项中有任何一条评为"是"，即应核定为C级信用。

（1）业务员对客户信用的综合分析研判（包括企业规模、经营盈亏分析、偿债能力、其他注意事项等）：

（2）财务主管对客户信用的综合分析研判（包括过往信用记录、对本公司产品销售贡献、其他注意事项等）：

（3）对该客户信用限额及结算方式建议：

（4）对该客户的信用评级（A、B、C）：

信用限额核定人：	片区经理审查意见：
销售公司总经理审批意见：	公司副总经理审核意见：

注：本表每季度更新一次。

七、客户质量等级综合评定表

客户质量等级综合评定表

评定时间段：_____
部门：_____ 经理：_____
区域：_____ 销售员：_____
日期：_____ 审核：_____

公司名称				
年度＼项目		销售额	回款额	价格系数
××××年				
××××年				

项		评价指标	对应得分	分值	备注
销售总额（满分16分）	1	年销售额500万元以上	16		
	2	年销售额300万～500万元	15		
	3	年销售额100万～300万元	10～14		
	4	年销售额20万～100万元	5～10		
	5	年销售额20万元以下	0～5		

项		评价指标	对应得分	分值	备注
货款回收（满分16分）	1	不欠款及1个月内回收	16		
	2	应收款2个月以内	15		
	3	应收款3个月内	12		
	4	应收款6个月内	5～10分		
	5	应收款超过6个月	0		
	PS	回收50%以上为现款加分	5		
销售价格（满分22分）	1	订货价格下浮10%以内	22		来料加工单独计算
	2	订货价格下浮15%以内	20		
	3	订货价格下浮20%以内	15～20		
	4	订货价格下浮25%以内	10～15		
	5	订货价格下浮超过25%	0～10		
订单计划性（满分10分）		是否按设定交货期准时提货、有无长期滞库品未处理	0～10		
产品质量满足度（满分8分）		是否有经常性苦情及投诉等	0～8		
沟通一致性		双方在商务合作中的沟通状况	0～8		
持续合作性		有无长期合作的前景	0～10		

续表

经营人员互访度	双方对接人员是否有经常性的各种联系	0～10	
小计：			满分100+5分
评估结果		分值：	评估等级

主管领导：　　　　　　部门经理：　　　　　　制表人：

八、客户信用风险客观评估表

客户信用风险客观评估表

客户名称：

评价要素	指标	分值	权重	分值＊权重
财务数据	流动比率		10%	
	资产负债率		10%	
	净资产收益率		10%	
	资产总额		5%	
	销售收入总额		10%	
财务数据	经营现金流量		5%	
	合计		50%	
非财务数据	国别		5%	
	经营年限		5%	
	所有制		7%	
	质量认证		4%	
	公司品牌		4%	
	政策业务		5%	
	合计		30%	
主观数据	经营稳定性		4%	
	人员总体素质		3%	
	对公司的依存度		3%	
	合同履约率		4%	
	市场知名度		3%	
	经营发展趋势		3%	
	合计		20%	

业务员：　　　　　　部门总经理：　　　　　　风险管理部经理：

＊分值为10分制。

九、客户信用等级评定表

客户信用等级评定表

被测评客户名称：　　　　　　　　　　　　　　　　　　日期：

测评项目	参照分值	评分标准		测评项目	参照分值	评分标准	
		生产企业	流通企业			生产企业	流通企业
A.经营者素质	10					＜1得0	≥0.9得4
1.商业经历	2						＜0.9得3
2.经营业绩	2			3.速动比率	8	≥1得8	≥0.8得8
3.信用记录	3					≥0.8得7	≥0.6得7
4.管理能力	3					≥0.5得6	≥0.4得6
B.客户经济实力	15					＜0.5得5	＜0.4得5
1.净资产	8			4.负债净值比率	6		
2.固定资产净值+在建工程+长期投资	7			D.客户资产管理及盈利能力	35		
C.资金结构	30			1.应收账款周转次数	7	≥8得7	≥10得7
1.资产负债率	8	≤50得8	≤60得8			≥4得6	≥6得6
		≤60得7	≤70得7			≥1得5	≥4得5
		≤70得6	≤75得6			＜1得4	≥3得4
		≤75得5	≤80得5				＜3得3
		≤80得4	≤85得4	2.存货周转率	8	≥6得8	≥6得8
		≤85得3	≤90得3			≥1得7	≥1得7
		≤90得2	≤95得2			＜1得6	＜1得6
		≤95得1	≤100得1	3.销售利润率	10		
		＞95得0	＞100得0	4.总资产利润率	10		
2.流动比率	8	≥1.5得8	≥1.2得8	E.企业发展前景	10		
		≥1.2得6	≥1.1得7	1.主要产品生命周期	4		
		≥1.1得5	≥1得6	2.市场预期	2		
		≥1得3	≥0.95得5	3.企业营销环境	4		

续表

客户信用等级	参照分值	实际得分	客户信用等级	参照分值	实际得分
AAA	90～100		BBB	60～69	
AA	80～89		BB	50～59	
A	70～79		B	0～49	

授予客户信用等级：　　　　　　　　　　评审经理：

说明：
1. 客户等级分值：A+B+C+D+E。
2. 资产负债比率：负债总额／资产总额×100%。
3. 流动比率：流动资产／流动负债×100%。
4. 速动比率：速动资产／流动负债×100%。
5. 负债净值比率：负债总额／资本净值×100%。
6. 应收账款周转率（次数）：赊销净额／平均应收账款净额。
7. 存货周转率：销货成本／平均存货。
8. 销售利润率：税后利润／销售收入净值×100%。
9. 总资产利润率：税后利润／年均资产总额×100%。
10. 评定分值时应结合行业、规模、经营特点灵活掌握。

十、客户资信调查报告

客户资信调查报告

一、资信状况

客户名称		组织代码（身份证号）	
注册地址（家庭地址）		邮政编码	
联系电话		传真	
客户所属行业			
客户资本性质	（A）国有（B）民营（C）合伙（D）外资（E）自然人		
设备用途		主要收入来源	
目前经营状况			
该客户及亲属或其法人单位、法人单位其他高层管理人员与我公司的历史交易情况、合同完成情况、逾期金额、逾期时间、是否有诉讼			
注册资本（万元）		出资方式（现金、实物等）	
总资产（万元）		可抵押固定资产（万元）	
月平均收入（万元）		产品年采购需求（万元）	

客户所属行业：（A）建筑；（B）铁路；（C）服务；（D）经销商；（E）房地产；（F）水电；（G）公路；（H）租赁；（I）部队；（J）其他行业；（K）自然人（不确定行业）

注：填写表格中选项时，在相应的项目前的字母上划勾，或在表格中填写实际数据。

二、注册资料（自然人客户有挂靠或担保企业，必须填写企业的资料，没有则可不填）

注册机关		注册资本（万元）	
营业执照号码		法人代表	
税务登记号		财务负责人	
营业期限		最新注册日	

三、公司主要财务数据（或自然人客户的财产结构）（单位：万元）

年销售收入	年利润	流动资产	净资产	应收账款	存货	负债总额	流动负债

四、银行及银行信用

开户银行		账号	
银行地址		银行的信用评级	

五、客户资信资料来源（　　　）

A. 征信公司	B. 工商税务部门	C. 客户提供	D. 实地考察评估	E. 其他评价

六、本人确认资信调查的内容真实可靠，没有虚假信息，对所填内容负完全责任，特此承诺！

填表人：　　　　　　　　日期：　　　　　　　　公司总经理审核：

十一、客户信用等级分类汇总表

客户信用等级分类汇总表

编号：　　　　　　　执行期限：　　　　　　　填表日期：

序号	客户名称	信用等级	评定时间	有效期	不良记录	备注

填表：　　　　　　销售公司经理审核：　　　　　　公司副总经理审定：

十二、赊销客户汇总表

赊销客户汇总表

编号：　　　　　　　　　　　　　　　　　　　　　　　填表日期：

序号	赊销客户名称	信用等级	结算方式	本年月均回款额	欠款余额	是否是授信客户	授信		有效期	是否担保	备注
							信用额度	回款期限			

填表：　　　　　　　　　　　　　　　　　片区经理审查：
销售公司经理审核：　　　　　　　　　　　公司副总经理审定：

注：对于已有赊销欠款的非授信客户，以及现有赊销欠款大于信用额度的授信客户，应在备注栏中注明压缩赊销欠款的具体货款清收措施。

十三、客户信用评级评分表

客户信用评级评分表

项目	标准分值	实得分	标准
一、企业基本情况	50		
注册资本	10		××万元以上10分 ××万元8分 ××～××万元7分 ××～××万元6分 ××～××万元5分 ××～××万元4分 ××～××万元以下3分 ××万元以下2分
成立时间	6		10年以上6分 8年以上5分 6年以上4分 4年以上3分 2年以上2分 1年以下0分
企业类型	5		外资企业5分 国企\合资4分 民营企业3分 有限责任公司2分 个体1分

续表

项目	标准分值	实得分	标准
企业性质	5		生产型企业 5 分， 贸易型企业 4 分 工程公司 3 分 个体 2 分
企业知名度	4		区域 4 分 省内 3 分 市内 2 分 县内 1 分
人员情况	6		××人 6 分 ××人以下 5 分 ××人 4 分 ××人 3 分 ××人以下 2 分 ××人 1 分
经销商情况	4		技术人员×人 4 分 技术人员×人 3 分 技术人员×人 2 分 技术人员×人 1 分
年销售额	10		××~××万元 10 分 ××~××万元 8 分 ××~××万元 6 分 ××万元以上 4 分 ××万元以上 2 分
二、订单财务状况	20		
毛利率	10		≥××%10 分，≥××%8 分， ≥××%5 分，≥××%4 分， ≥××%3 分，≥××%2 分， ≥××%1 分
结算期	10		××~××日内回款 10 分 ××日内回款 8 分 ××日内回款 6 分 ××日内回款 5 分 ××日内回款 3 分 ××日内回款 2 分
三、其他信息	30		
以往回款记录	10		及时 10 分 不够及时 5 分 拖欠时间较长 2 分
近期重大诉讼，纠纷情况	5		不影响 5 分 略有影响 3 分 一般影响 1 分 严重影响则不予授信

续表

项目	标准分值	实得分	标准
客户资源分布	5		省内行业内前三 5 分 市内行业内前三 3 分 没名 1 分
其他综合信息	10		管理团队水平 员工认同度 人员技术水平

十四、客户信用等级、信用额度、信用期限申请表（新客户）

客户信用等级、信用额度、信用期限申请表（新客户）

客户名称：　　　　　　　　　　　　　　　　　　　　　日期：

序号	评定内容		评定结果			
			A	B	C	D
1	整体印象	A. 公司为国内外上市公司，在业界享有很高声誉 B. 成立 3 年以上，公司规模较大，员工素质较高，同业中形象良好 C. 成立 1 年以上，公司规模较中等，员工素质较一般，同业中形象良好 D. 成立未满 1 年，公司规模较小，员工素质较低，同业中形象较差	10	9	7	
2	行业地垃	A. 在当地销售规模处于前 3 名 B. 在当地销售规模处于前 10 位 C. 在当地有一定销售规模，但排名在前 10 名以后 D. 在当地处于起步阶段	10	8	5	0
3	品质特性评价 负责人品德及企业管理素质	A. 主要负责人品德及企业管理素质好 B. 主要负责人品德及企业管理素质一般 C. 主要负责人品德及企业管理素质差	10	6	0	
4	业务关系强度	A. 计划以本公司为主供货商 B. 计划以本公司为次供货商 C. 只是偶尔在本公司提货	10	6	0	
5	发展潜力	A. 业务发展方向和本公司高度一致，产品线与本公司主推产品一致，能完全配合本公司业务发展规划 B. 业务发展的某个方向与本公司一致，有部分产品是本公司非主推产品，基本能配合本公司业务发展规划 C. 业务发展方向与本公司不一致，产品并非本公司生产，无法配合本公司业务发展规划	10	5	0	
6	员工人数	A. 人员稳定，从业人数 100 人以上 B. 从业人数 50～100 人 C. 从业人数少于 30 人或人员流动性大	10	7	0	

续表

序号	评定内容			评定结果			
				A	B	C	D
7	品质特性评价	诉讼记录	A. 无诉讼记录 B. 有诉讼记录但已全部胜诉 C. 有未决诉讼，或已胜诉但不能执行 D. 有诉讼记录，败诉	10	8	3	0
8	未来月度平均采购额预计		A. 100 万元以上 B. 50 万～100 万元 C. 20 万～50 万元 D. 0～20 万元	20	16	10	5
9	资金结算方式		A. 现金/银行存款 B. 承兑汇票/即期支票 C. 近期支票	10	7	6	0

得分合计		信用等级申请	
信用额度申请		信用期限申请	
申请人		营销经理意见	
财务总监意见			
总经办意见			

注：1. 信用等级划分，得分 90～100 为 AAA 级、得分 80～89 为 AA 级、得分 70～79 为 A 级、得分 60～69 为 B 级、59 分以下为 C 级。
　　2. 信用期限 30 天、45 天、60 天和 90 天及其他××天。
　　3. 信用额度每 10 万元一个档次，单个客户信用额度不得超过 500 万元。

十五、客户信用等级、信用额度、信用期限申请表（老客户）

客户信用等级、信用额度、信用期限申请表（老客户）

客户名称：　　　　　　　　　　　　　　　　　　　　日期：

序号		评定内容	得分
1	到期货款偿还状况	（1）到期货款未清还数占该客户月均销售额的 10% 以下	40
		（2）到期货款未清还数占该客户月均销售额的 10%～20%	35
		（3）到期货款未清还数占该客户月均销售额的 20%～30%	30
		（4）到期货款未清还数占该客户月均销售额的 30%～40%	25

61

续表

序号		评定内容	得分
1	到期货款偿还状况	（5）到期货款未清还数占该客户月均销售额的 40%～50%	20
		（6）到期货款未清还数占该客户月均销售额的 50%～60%	15
		（7）到期货款未清还数占该客户月均销售额的 60%～80%	10
		（8）到期货款未清还数占该客户月均销售额的 80%～100%	5
		（9）到期货款未清还数占该客户月均销售额的 100% 以上	0
2	在本公司的采购状况	（1）在本公司的年采购额 200 万元以上且逐年增长	30
		（2）在本公司的年采购额 200 万元以上并保持原状，或 150 万元以上 200 万元以下且逐年增长	27
		（3）在本公司的年采购额 200 万元以上但逐年下降，或 150 万元以上 200 万元以下并保持原状	24
		（4）在本公司的年采购额 150 万元以上 200 万元以下但逐年下降，或 100 万元以上 150 万元以下且逐年增长	21
		（5）在本公司的年采购额 100 万元以上 150 万元以下并保持原状，或 80 万元以上 100 万元以下且逐年增长	18
		（6）在本公司的年采购额 80 万元以上 100 万元以下但逐年下降，或 50 万元以上 80 万元以下并保持原状	15
		（7）在本公司的年采购额 50 万元以上 80 万元以下但逐年下降，或 40 万元以上 50 万元以下且逐年增长	12
		（8）在本公司的年采购额 40 万元以上 50 万元以下并保持原状	6
		（9）在本公司的年采购额 40 万元以上 50 万元以下但逐年下降，或 40 万元以下	0
3	品质特性评价	整体印象	A. 公司为国内外上市公司，在业界享有很高声誉	5
			B. 成立 3 年以上，公司规模较大，员工素质较高，同业中形象良好	3
			C. 成立 1 年以上，公司规模较中等，员工素质较一般，同业中形象良好	2
			D. 成立未满 1 年，公司规模较小，员工素质较低，同业中形象较差	0
4		行业地垃	A. 在当地销售规模处于前 3 名	5
			B. 在当地销售规模处于前 10 位	3
			C. 在当地有一定销售规模，但排名在前 10 名以后	1
			D. 在当地处于起步阶段	0
5		负责人品德及企业管理素质	A. 主要负责人品德及企业管理素质好	5
			B. 主要负责人品德及企业管理素质一般	3
			C. 主要负责人品德及企业管理素质差	0

续表

序号	评定内容			得分
6	品质特性评价	业务关系持续期	A. 与本公司的业务关系持续1~2年	5
			B. 与本公司的业务关系持续2~12个月	3
			C. 与本公司的业务关系期少于2个月	1
7		业务关系强度	A. 计划以本公司为主供货商	5
			B. 计划以本公司为次供货商	3
			C. 只是偶尔在本公司提货	0
8		发展潜力	A. 业务发展方向和本公司高度一致，产品线与本公司主推产品一致，能完全配合本公司业务发展规划	5
			B. 业务发展的某个方向与本公司一致，有部分产品是本公司非主推产品，基本能配合本公司业务发展规划	3
			C. 业务发展方向与本公司不一致，产品并非本公司生产，无法配合本公司业务发展规划	0
得分合计			信用等级申请	
信用额度申请			信用期限申请	
申请人			营销经理意见	
财务总监意见				
总经办意见				

注：1. 信用等级划分，得分90~100为AAA级、得分80~89为AA级、得分70~79为A级、得分60~69为B级、59分以下为C级。

2. 信用期限30天、45天、60天和90天及其他××天。

3. 信用额度每10万元一个档次，单个客户信用额度不得超过500万元。

十六、临时额度申请表

临时额度申请表

日期：

客户名称		客户编码	
已定信用等级			
已定信用额度			

63

续表

临进额度申请		有限时间		
申请原因		申请人：		日期：
营销经理意见				
财务总监				
总经办意见				
备注				

十七、客户信用申请表

客户信用申请表

客户填写：

企业名称（全）				
企业类型	国有□ 集体□ 股份合作□ 联营□ 有限责任□ 股份有限□ 私营外商投资企业□ 港澳台投资企业 □其他			
联系电话				
邮箱		公司网站		
详细地址	省 市 区			
法人代表		企业代码		
注册日期		注册号		
注册资本（万元）		流动资金（万元）		
经营范围				
接洽人员	企业负责人	联系电话		电子邮件
	财务部负责人	联系电话		电子邮件
	业务衔接人	联系电话		电子邮件
请提供以下资料（复印件） 1.营业执照；2.产品经营许可证；3.上年度财务报表				
请您提供您的两个合作供应商				
1.		电话：		联系人：
2.		电话：		联系人：

续表

企业经营状况，主要产品信息（最近3年）						
年度	主要产品	实现销售收入（万元）	收入占全部产品比重（%）	自营/代理	批发/零售

企业授信额度申请	
申请信用额度 （新客户填写）	追加额度 （老客户填写）

我公司了解贵公司的信用政策，并认真执行。对贵公司提供的货物和服务，我们将如期付款，即在发票日期后30天内付款。

申请单位：　　　　　　申请人：　　　　　　申请日期：

十八、客户授信额度执行评价表

客户授信额度执行评价表

客户名称：

时间	月初信用额度	本月提货金额	本月回款金额	期末累计欠款余额	期末欠款超信用额度金额	建议信用额度	不良记录	月末信用额度	备注
	A	B	C	D	E=D−A	F=(A+C)/2	G	H	I

注：所有的信用额度含在途。

填表人：　　　　　　销售公司经理审核：　　　　　　公司副总经理审定：

十九、变更信用额度申请表

变更信用额度申请表

业务员：　　　　　　　　　　　　　　　　　　　　　　日期：

客户名		编号		负责人	
地址		电话		邮箱	
与本公司交易日期					

往来记录	年							前6个月	月						
	销售额								销售额						

原信用额度及办法

拟变更的信用额度及办法

经理批示		主管批示	

二十、客户信用评估与建议

客户信用评估与建议

编号：　　　　　　　　　　　　　　　　　　　　　　　日期：

客户编号		建议发货最高限度	
客户名称			
成立日期			

预计销货	向本公司采购产品：
	每月平均采购数量、金额：
	采购旺季：
客户业务状况	销售产品名称：
	平均月销售量：
	销售地区比例：
	未来营运方针：

续表

结论	商场经营经验：
	市场销售能力：
	财务状况：
	关系企业名称：
	其他供应厂商：
	对该公司意见：

经理：　　　　　　　主管：　　　　　　　调查人：

二十一、客户信用额度核定表

客户信用额度核定表

客户编号							
客户名称							
地址							
负责人							
部门别	以往交易已兑现额	最近半年平均交易额	平均票期	收款及票据金额	原信用额度	新申请信用额度

主办信用综合分析研判（包括申请表复查、商业道德、经营盈亏分析、偿债能力、核定额度、附带应注意事项等）	信用额度核定或审查意见	签章及日期
	主办信用	
	业务主任	
	片区经理	
	总经理	
	生效日期	

67

第三章

客服管理

第一节　客服管理要点

一、规划客户服务管理体系

客户服务管理体系的有效运作，需要建立"以客户为中心"的服务流程，并且通过IT系统实现服务的规范化和标准化，进行服务体系的质量监控，及时地发现并整改服务体系中的薄弱环节。具体内容包括：客户服务标准的制定、建立内部客户服务组织及体系、明确客户服务的种类、客户服务请求的处理、客户服务质量的管理。

二、设计完善服务流程

（1）将客户服务流程与企业使命、企业总体目标及作业流程相连接。
（2）设立跨部门的小组、简化客户服务流程、分享资源，为客户提供整合性服务。
（3）树立清晰的服务质量目标并及时与客户沟通。
（4）利用多元化的渠道收集对于公司在客户服务方面的意见并加以改善。

三、做好客户热线服务管理

1. 电话呼入的作业步骤

一般来说，客服人员在进行电话呼入作业时，应按照以下步骤实施：
（1）亲切问候客户。

消费者心理学研究表明，"当一个人进入陌生环境时，前五秒钟的注意力是最集中的"。声音环境也是一样，所以在客户电话打进来时，为了使客户达到满意，应该抓住至关重要的前几秒。一个亲切的问候，是接近客户建立和谐氛围的第一步。

（2）创造和谐氛围。

当客户感觉到客服人员可信赖时，就会与之交流，而当客户感觉到客服人员不但可以信赖，而且跟他是同一类型的人时，客户的交流意愿会更加强烈。所以，客户人员首先要给客户创造和谐的、可以信赖的氛围

（3）掌握通话主动权。

对于客服人员而言，每一个电话面对的都是不同的人和不同的事。为提高工作效率，客服人员既要为客户解决问题让客户满意，又要有效地控制通话时间。因此

客服人员在通话的过程中应有效地掌握主动权。

（4）采取行动。

在客户服务过程中，客服人员应有效运用服务技巧安抚客户的情绪，让通话顺利地进行，提升客户的满意度。其中，最主要的还是要迅速地采取行动对客户提出的问题给予处理，因为客户打电话的最终目的就是希望客服人员帮助其解决问题。

2. 电话呼出的作业步骤

一般来说，客服人员在进行电话呼出作业时，应按照以下步骤实施：

（1）呼出前的准备。

在进行电话呼出前，客服人员首先要确定回访对象是谁，并明确客户需求，然后就要开始对信息相关进行筛选，以便确认数据的完整性和有效性。

（2）撰写电话脚本。

有效的电话回访是指用较少的时间完成较多的有效通话。因此，电话脚本是提高电话回访效率的有效途径。一个精心设计的电话脚本，是提高回访人员工作效率、保证服务质量必备的工具。

（3）设计呼出问卷。

客服人员在设计呼出问卷时要力求内容简明扼要，通俗易懂。问卷设计要考虑以下几个因素：通话时间限制、听觉功能的局限性、记忆的规律、记录的需要。在设计问题时，客服人员要围绕主题，遇到比较敏感的问题时语言要委婉，不要过于直接而导致客户不愉快，甚至影响客户完成问卷。

（4）确定回访者类型。

客服人员在确定回访者类型时应当根据企业的需求有针对性地进行，要建立起一套完整的信息采集机制，为积累长期客户分析资料，提高产品质量和服务质量打下坚实的基础。

（5）正式呼出电话。

以上工作全部完成以后，客服人员就可以静下心来给客户拨出回访电话，并将电话内容记录下来。

（6）确认客户满意度。

客服人员要针对客户的各类诉求，如实调查并记录客户的满意度情况，从而清楚在其服务过程中还存在哪些问题，以帮助决策者进行分析判断。

（7）回访统计。

客服人员在做完以上工作后，应根据回访情况进行统计，直观、清晰地反映客户回访工作的内容，以便部门领导了解具体情况。

第二节 客服管理制度

一、客服管理办法

标准文件		客服管理办法	文件编号	
版次	A/0		页次	

1. 目的

为规范公司销售部客服人员工作，使其进一步标准化，特制定本办法。

2. 适用范围

适用于公司销售部的所有客服人员。

3. 管理内容

3.1 线下客服

3.1.1 负责接听、转接电话；接待来访人员。客服人员接听电话时要详细记录客人信息，特别是有潜在需求的客人，包括姓名、单位、电话、消费信息等，并及时转至销售人员处。此外，还要积极协助销售人员做好来访客户的接待工作。

3.1.2 负责部门文秘、信息、机要和保密工作，做好部门档案收集、整理工作；负责公司销售合同及其他营销文件资料的管理、归类、整理、建档和保管工作。

3.1.3 负责经理办公室的清洁卫生，要定期进行打扫，处理办公室废旧杂物，保证办公室的整洁卫生。

3.1.4 做好部门会议纪要，并及时地下发。

3.1.5 负责根据订单跟进发货。

3.1.6 负责紧急订单发货时仓库、生产、品质部门之间的工作协调，保证及时发货。

3.1.7 负责售后投诉接待和记录工作，并负责第一时间将信息以"客户反馈表"转至相关部门，跟进处理结果直至客户满意。

3.1.8 负责将发货单及时地录入系统。

3.1.9 负责跟进退货处理，及时协调品质部换货或补货，同时与客户进行良好的沟通，使客户不满意度降至最低。

3.1.10 负责定期进行客户满意度调查。

3.1.11 负责定期制作部门销售统计分析报告。

3.1.12 定期进行客户回访。

3.1.13 接受其他临时工作。

3.2 线上客服

3.2.1 及时地回答客户问题，采用销售推广语言，以促成订单。

3.2.2 寻找潜在客户，进行产品推广，形成潜在客户群漏斗良性运行。

3.2.3 根据与客户沟通的内容，整理汇总形成客户需求表，定期反馈给部门领导或产品研发部门。

3.2.4 客户下批量采购订单后，第一时间将订单打印，转部门领导、生产部、技术部、研发部、物控部进行订单评审。如为零售订单（小于5件），且无特殊要求，则可直接编制发货通知单。

3.2.5 在订单评审后，及时编制发货通知单，转物控部。原则上在下午5点30分后接单，次日发货，5点30分前接单，当日发货。

3.2.6 如仓库无库存缺货，客服负责及时地与客户联系沟通，达成客户能够接受的收货时间，尽量给生产部赢得生产时间，以保证交货。

3.2.7 负责售后投诉接待和记录工作，并负责第一时间将信息以"客户反馈表"转至相关部门，跟进处理结果直至客户满意。

3.2.8 负责将发货日期及时地录入系统。

3.2.9 负责跟进退货处理，及时地协调品质部换货或补货，同时与客户进行良好的沟通，使客户不满意度降到最低。

3.2.10 负责定期进行客户满意度调查。

3.2.11 负责定期制作市场销售分析报告。

3.2.12 定期进行客户回访。

3.2.13 参与营销活动，协助市场销售。

3.2.14 完成领导交办的临时任务。

3.3 工作要求

3.3.1 电话沟通时，注意要语音甜美，用词礼貌，多用营销用语。

3.3.2 心理素质要求有包容心、有耐心并能够承受一定压力，品格素质要求注重承诺，不失信于人，技能素质要求善于协调，工作认真细心，以结果为导向。

3.3.3 遵循"五步一法"服务体系，认识客户，了解客户，帮助客户理解客户，感动客户，并始终坚持以满足客户需求为出发点的服务法则。

3.3.4 永远遵循"客户至上"的原则，积极主动地与客户沟通，并及时地帮助客户处理、解决问题。

3.3.5 当客户投诉时，客服人员首先应理解客户，尽量做到让客户的不满意度降低，或者让客户的抱怨得到机会说出，并做好记录，处理时要快速有效。

3.4 工作流程

3.4.1 沟通。

（1）打入电话→了解需求、问题→用简练、逻辑性强的语句回答→解答疑惑→建议推荐产品。

（2）打出电话→说清需求、用意→用简练、逻辑性强的语句回答→问清联系方式→发出产品介绍。

3.4.2 订单评审。

下订单→如有特殊要求与客户再次确定→打印订单评审表（写明产品编号、特殊要求、交货时间、数量等）→部门领导签字→技术部签字→产品研发部签字→物控部签字→总经理签审→订单打印→签字盖章→回传客户。

3.4.3 编制发货单。

编制发货单，内容包括产品编号、名称、规格、数量、特殊要求、发货时间，紧急订单须加盖"加急"印戳。

3.4.4 跟进发货。

（1）仓库有库存，落实发货时间。

（2）仓库无库存，落实生产完结入库时间及发货时间。

3.4.5 跟进收货。

发货后，根据物流周期，跟进客户签收，线下销售让客户回传签收单，线上销售跟进客户收货后，让客户在网上签收货。

3.4.6 客户满意度调查。

每半年对客户进行一次满意度调查，包括客户投诉处理后的满意度。应与客户沟通，让客户认真如实填写"客户满意度调查表"。

3.4.7 客户投诉。

客户投诉的方式包括电话、退货、邮件等，其处理步骤为：接到投诉→耐心听客户述说→及时清楚地记录下客户的名称、电话、不满意内容、产品生产时间或生产批次号等→初步判定问题所在→向客户做出初步解释→填写"客户投诉反馈表"，写明调查回复时间和客户期望处理时间→部门领导签字→交品质部，由品质部给出调查结果→与客户联系，告知问题原因及处理意见→道歉并说明处理完成计划时间→跟进处理结果→询问客户对处理结果的满意度→记录在"客户投诉反馈表"上。

3.4.8 订单更改流程。

客户提出更改订单→告诉客户更改订单的可能结果和可能产生的费用→让客户用文字描述更改要求→填写"订单更改评审表"→按订单评审流程进行→让客户下达更改订单→填写"订单更改通知单"→各部门将原订单收回，下发新订单。

3.4.9 统计分析报告。

统计部门销售报表，并根据数据进行分析。

3.5 岗位应知必备

3.5.1 产品知识。

3.5.2 销售技巧。

3.5.3 沟通技巧。

3.5.4 订单评审流程、发货流程、客户投诉流程、客户满意度调查流程。

3.5.5 统计数据技术。

3.6 相关表单

订单、订单评审表、发货通知单、客户投诉记录表、客户满意度调查表、物流发货单、订单更改通知书、周报表、月报表、工作计划。

拟定		审核		审批	

二、客服中心管理制度

标准文件		客服中心管理制度	文件编号	
版次	A/0		页次	

1. 目的

为进一步加强和规范客服中心的基础管理制度，提高客服人员的业务技能和服务水平，充分调动客服人员的工作积极性，大力提升客服中心服务形象，特制定本制度。

2. 适用范围

适用于客服中心的管理。

3. 管理规定

3.1 考勤

3.1.1 客服中心员工每天早上必须到公司签到，因工作紧急直接去现场工作而不能签到的，必须在上班时间以前电话通知部门经理，未通知者视为旷工，未提前通知者视为迟到。

3.1.2 客服中心员工请假需预先报告部门经理批准，否则视为旷工处理；请假3天以上必须报由人力资源部批准，完假以后必须到公司人力资源部销假（病假需带上正规医院开具的相关证明）；客服中心员工请假必须做好工作汇报和工作交接，请假期间必须保持联系畅通。

3.2 试用期员工

3.2.1 所有新录用员工都有试用期。在试用期间一律为临时员工。试用期满

75

后，临时员工可申请转正，填写"转正申请表"及"个人试用期总结报告"交与其直接上司。其直接上司在签署评价意见后转交人事部。非常优秀的临时员工（特别是那些在试用期间有重大立功表现的人），由部门经理、行政部、总经理特批，可提前转正。

3.2.2 在试用期间，公司方有权单方面解除临时工的工作，亦有权重新调配临时工的职位安排；对有不胜任、明显违纪或工作失职的，公司有权辞退、调职、延长试用期等。

3.3 离职手续

3.3.1 离职的形式：辞职，辞退（直接解聘或劝退），自动离职，开除。

3.3.2 离职的程序详见行政部规章制度。

3.4 加班

3.4.1 公司如遇紧急项目需要加班时，员工应义不容辞，特殊情况除外。

3.4.2 加班费。

（1）员工应在规定工作时间内完成工作任务，公司因业务额外需要加班，应向部门经理汇报后，发放加班工资。

（2）员工由于个人原因导致本职工作未完成而决定的加班，不能核算加班费。

（3）由项目负责人报加班时间，然后由经理审批报行政部。

3.5 奖励

3.5.1 客服中心员工在圆满完成本职工作（或总经理特派工作）并做出特别贡献的情况下，将获得嘉奖。

（1）为公司内外客户提供出色服务而受到多次赞扬（有具体特殊事实）。

（2）对施工技术或经营管理提出合理化建议，经采纳实施，卓有成效者。

（3）通过发挥创造力和创新精神，把工作做得更快更好成绩突出者（有具体事实）。

（4）维护公司重大利益，避免了重大损失或节省财物卓有成效，经考核认定者。

（5）在施中过程式中以节约材料为宗旨。

（6）施工项目无客户投诉。

（7）内部验收、外部验收能一次性通过，有完备的内部验收资料及施工日志，并得到客户的书面及电话好评。

（8）能灵活处理现场的应急预案，对完成公司重大项目（任务）有突出贡献者。

3.5.2 嘉奖由部门经理参照奖励标准提交申请表于总经办，经批准后，与当月工资一起发放。

3.6 惩罚

3.6.1 维修工程师3天内需检测出设备的故障结果，如公司无法修复，3天之内必须准备送修或寄修，如未执行，扣罚××元/次。

3.6.2 送公司维修设备，10个工作日内必须完成，如未完成，扣罚××元/次。如特殊情况，则需要未完成原因的报告。

3.6.3 售后工程师3天之内必须将已维修完毕的设备交到客户处，如未执行，扣罚××元/次。

3.7 日常行为规范

3.7.1 部门员工必须佩戴工作牌上岗，并时刻注意自身仪表形象。个人着装应干净、得体、大方，不得穿拖鞋上岗、蓄怪异发型等。

3.7.2 上班时间内员工应精神饱满、精力集中，保持良好的工作状态。

3.7.3 办公室人员须保持办公室整洁，不需要或是失去价值的资料，应作废后放入垃圾桶。下班前将桌椅和办公用品整理妥当，随身物品应放在指定地点。

3.7.4 工作时间不得从事与工作无关的事情，不得违反公司相关保密、安全等制度。尽量避免打私人电话，如必须处理私事，尽可能放在午餐时间。

3.7.5 每天最后下班的员工离开时，必须检查门窗、电源是否已全部关闭。凡发现有未处理好此项工作者，一经查实处以××元/次的罚款。如因此而引起损失，将追究其责任，并赔偿全部损失。

3.7.6 部门工作人员向库房借用物品，应办理相关手续，并妥善保管，在规定的时间内归还。

3.7.7 客服中心员工在与客户交流时必须使用礼貌用语，对客户提出的问题和意见要耐心倾听，并做好全面认真详细的记录。

3.7.8 客服中心员工必须保持通信工具24小时开机，以便联络和处理紧急事务。因为工作原因暂时不方便接听电话应在工作完成后及时回复，经常联络不畅者视情况予以警告或罚款××～××元/次。

3.7.9 客服中心分配的工作必须在规定的时间内完成，如不能按时完成，则必须提前说明情况，以方便客服中心工作安排。否则视为延误工作，将承担因工作延误所造成的全部损失。

3.7.10 部门每一位员工必须按时参加公司及部门组织的会议、培训、交流或其他各类活动，不得借故推脱或迟到，迟到一次罚款××元。缺席处以××元/次的罚款并给予书面警告。

3.7.11 客服人员应树立良好的职业道德，始终维护公司利益，并在努力提高自身能力和素质的基础上形成良好的团队精神和协作精神。

3.7.12 对不能胜任本职工作、严重违反公司纪律以及损害公司利益者，管理人员可报告公司对其进行警告、处罚、劝退或开除的处分。

3.7.13 各项目负责人要以身作则，严格管理，以配合公司各项工作的顺利进行。

3.7.14 客服中心员工应掌握熟练的专业技术知识，在工程安装和客户服务过程中每一环节都应严格按照技术规范的要求，认真负责。因工作疏忽、玩忽职守而造成的经济损失由员工自行承担，对损坏的设备或配件等照价赔偿。

3.7.15 对于客服中心安排的工作任务必须按时优质地完成，不得消极怠工或将个人情绪带到客服工作中来。

3.7.16 客服中心员工在工作中如受到客户有效投诉，将根据情节轻重扣款××～××元/次，并写书面检查一份交部门经理评定；若被客户有效投诉超过5次（含），公司有权决定调动员工工作岗位或让其离职。

3.8 所有加入本部门的员工都视为已被告知并接受本制度所规定的各项条款。如有任何异议，请以书面报告形式呈交技术服务中心经理处。

拟定		审核		审批	

三、全国 400 客户服务电话使用管理制度

标准文件		全国400客户服务电话使用管理制度	文件编号	
版次	A/0		页次	

1. 目的

为了进一步规范服务标准，树立良好的企业品牌形象，保证与客户沟通渠道的畅通，确保信息的及时传递，提高服务效率，减少呼损率，特制定本制度。

2. 适用范围

本制度适用公司各项目所有员工。

3. 管理规定

3.1 操作程序及流程

3.1.1 操作程序。

（1）客服人员首先接听客户服务电话或投诉电话。

（2）在接到客户投诉电话时，应向客户表示歉意，询问投诉内容，并记录客户的姓名、地址、联系人和联系电话并录入系统，在"投诉登记表"上认真记录。

（3）客服人员将录入"投诉登记表"中的内容或问题及时地转给相关责任部门进行核实。

（4）如客户投诉情况或意见不属实，相关部门将核实结果反馈给客服中心，由客服人员向客户电话回复并做解释工作。

（5）一般性投诉或能即时解决的问题，相关责任部门进行核实后，填写"投诉处理表"并跟踪落实情况。

（6）严重投诉或不能即时解决的问题，由部门主管或经理组织相关人员进行处理，与客户沟通解决。

（7）相关责任部门在处理完投诉后，将"投诉处理表"反馈至客服中心，由客服人员将处理结果通报客户。

（8）客服人员将处理结果填写在"投诉登记表"中。

（9）客服中心根据"投诉登记表"安排客服回访，及时地收集客户对投诉处理的反馈意见。

（10）最后客服人员根据"投诉登记表"统计相关数据，报主管副总经理及公司领导并将所有资料归档保存。

3.1.2 操作流程。

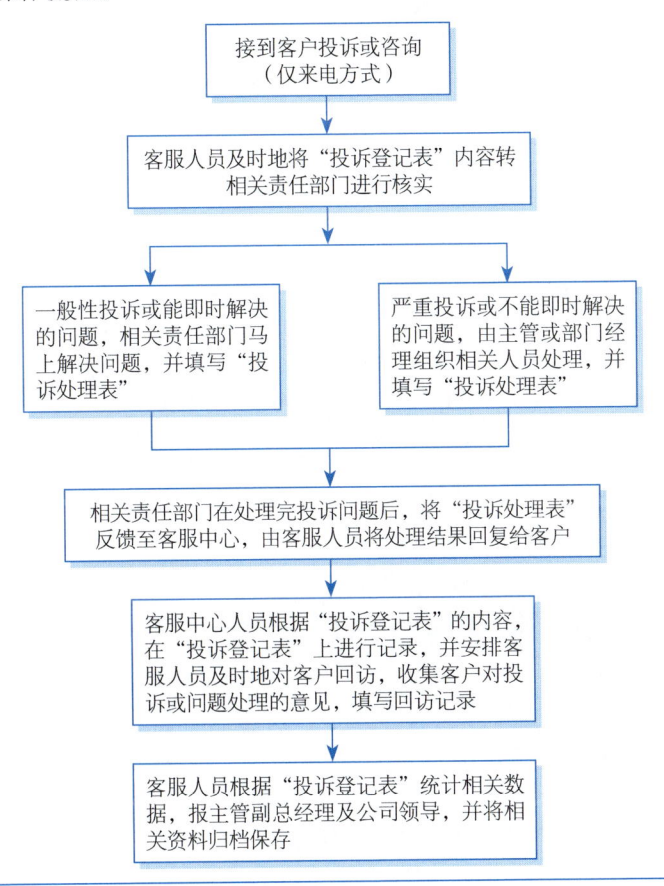

```
接到客户投诉或咨询
（仅来电方式）
        ↓
客服人员及时地将"投诉登记表"内容转
相关责任部门进行核实
        ↓
┌───────────────────┬───────────────────┐
一般性投诉或能即时解决      严重投诉或不能即时解决
的问题，相关责任部门马      的问题，由主管或部门经
上解决问题，并填写"投      理组织相关人员处理，并
诉处理表"                填写"投诉处理表"
        ↓
相关责任部门在处理完投诉问题后，将"投诉处理表"
反馈至客服中心，由客服人员将处理结果回复给客户
        ↓
客服中心人员根据"投诉登记表"的内容，
在"投诉登记表"上进行记录，并安排客
服人员及时地对客户回访，收集客户对投
诉或问题处理的意见，填写回访记录
        ↓
客服人员根据"投诉登记表"统计相关数
据，报主管副总经理及公司领导，并将相
关资料归档保存
```

3.2 工作规范

3.2.1 客服人员要衣着整洁，并熟悉日常工作程序。

3.2.2 客服人员要学会处理一般性投诉和回答有关项目的一般性问题。

3.2.3 若遇有客户投诉时，应认真聆听，不打断客户，并进行详细的记录。

3.2.4 在记录客户投诉建议或要求的时候，表格填写要详细、清楚。

3.2.5 各类投诉处理由客服人员全程跟踪并随时上报客服中心主管或经理沟通解决。

3.2.6 解决问题过程要高效，跟客户沟通回复要及时。

3.2.7 处理投诉过程中，客服人员要多了解客户感受，少做辩解，避免因过多的解释造成客户更大的不满。

3.2.8 热情服务，心理素质强，能自我调控心态及情绪。

3.2.9 具有较强的语言文字表达能力、组织能力和倾听能力，较强的责任心、服务意识及团队精神。

3.2.10 认真听取客户的意见或建议，及时地反馈客户的不同需求和观点并认真做好记录和回访工作。

3.2.11 对客户提出的要求不能擅自作出承诺，投诉处理过程中要坚守公司的原则。

3.2.12 对客户的投诉问题，客服人员应在第一时间里反馈给相关部门，待其解决好后即时回复给客户。

3.2.13 注意自己的言行举止，解决过程中要兼顾公司的形象。

3.3 工作方式和时限

3.3.1 服务时间及方式。

客服中心应提供7～8小时热线服务，采用人工受理的应答方式，也可以满足客户24小时登录本公司官网，解决其疑难问题和需求。

3.3.2 服务时限。

（1）客户服务热线平均接通率：大于85%。

（2）咨询处理时限：即时处理。

（3）查询处理时限：不超过1分钟。

（4）投诉回复时限：2小时（受理客户投诉后，2小时内回复客户处理情况）。

（5）投诉处理时限要求：

① 简单投诉立即答复。

② 一般投诉1个工作日内答复，最长不超过3个工作日。

③ 复杂投诉5个工作日内答复，最长不超过7个工作日。

④ 超过期限，应主动回复客户。

3.4 规范用语

3.4.1 基本要求。

（1）声音：精神饱满、专业自信、亲切友好。

（2）语气：语气轻柔委婉，态度自然诚恳。

（3）音量：话筒保持在距离嘴唇 1.5 厘米左右的地方，音量适中、悦耳，以客户听清为宜。

（4）措辞：措辞精炼恰当。

（5）语速：语速适中，每分钟吐字约 140～160 个。

（6）声调：音调上扬，注重抑扬顿挫。

（7）发音：清楚、易懂，使用标准普通话发音。

（8）语调：优美、热情、奔放、富有表达力。

3.4.2 开头语与结束语。

（1）开头语。

① 呼入时，要在电话响两声内接听客户电话（大约为 3 秒内），问候语为："您好，×××（公司），请问有什么可以帮您？"不可以只说"您好""喂""说话"等。然后主动询问客户的姓氏如"您贵姓""请问怎么称呼您"，并在后面通话中至少两次称呼客户"×× 先生 / 女士"。

② 呼出时，问候语为："×× 先生 / 女士，您好，这里是 ×××（公司）。"

（2）结束语。

① 呼入时，当与客户即将结束通话，要再次询问客户"请问您还有其他问题吗"或"请问还有什么可以帮助您的吗"，如果客户表示有，则继续通话；如果没有，则回答"感谢您的来电，请您先挂机，再见。"如果客户没有挂机，则再次询问客户"请问您还有其他问题吗"或"请问还有什么可以帮助您的吗"，如客户没有回复，则告知客户"对不起，我挂线了"，等待 5 秒钟，自行挂机。不可以在即将结束时只与客户说再见，或在客户还没有完全结束通话前自行挂机。

② 呼出时，结束语一般为："打扰您了，感谢您的支持，再见。"

3.4.3 错误电话、骚扰电话。

（1）错误电话。

当客户打错电话时，应回答客户："您好，这里是 ×××（公司）。请您查证后再拨。"适当时，可提供正确的电话给客户。

不可以回答"您打错了""看清楚再打"之类的语言。

（2）找其他客服人员或非客服人员。

当客户来电因私事找其他客服人员时应回复："您好，很抱歉！因公司规定上班时间不允许接听私人电话，请您其他时间再与她联系。"或留下客户的姓名联系方式交予他人。

当客户来电找其他非客服人员时应回复："您好，很抱歉，此电话为客户服务热线，请您拨打我公司总机进行转接，谢谢！"或"您好，请您将您的联系方式告知我，我会尽快让他与您联系。"

不可以直接挂机或用非服务语言回答客户。

（3）骚扰电话。

当接到骚扰电话时，应回复对方："您好，此电话为我公司客户服务热线，请您自行挂机，不要占用此热线，谢谢！"

如对方没有自行挂机，则回复："您好，很抱歉，我将挂机。再见。"

不可以直接挂机。

3.4.4 无声电话、无法听清或使用方言。

（1）无声电话。

当客户来电后没有声音，应回复："您好！请问有什么可以帮助您？"稍停5秒，还是无声，则同样回复，稍停5秒，如对方还是毫无反应，则说："对不起，您的电话没有声音，请您换一部电话再打来好吗？再见！"再稍停5秒，挂机。

不可以直接挂机，或只是"喂，喂"。

（2）无法听清。

当客户来电因使用免提无法听清其讲话时，应回复："您好，对不起，您的声音太小，我无法听清您讲话，请您拿起话筒说话好吗？"当客户来电声音太小（或杂音太大）听不清时，应回复："您好，对不起，您的声音太小（或杂音太大），我无法听清您讲话，请您能大声一点吗？"

如果依然听不清客户讲话，则回复："对不起，我还是无法听清您讲话，请您换一部电话再打过来好吗？再见！"等待5秒钟，自行挂断。

在接到客户电话因各种原因无法听清时，不可直接挂断电话，或使用非服务语言询问。

（3）使用方言。

当客户来电使用方言时，如若无法听懂客户讲话的内容，应回复："您好，请您讲普通话，好吗？"若客户依然用方言讲话，则回复："您好，我无法听懂您讲话的内容，请您能找身边其他会讲普通话的人来接听好吗？谢谢！"如若能听懂客户讲话，则依然使用普通话与客户对话，不可以换成方言与客户通话，也不可以直接挂机。

3.4.5 通话过程问题处理。

（1）如需让客户等待时。

在与客户通话时，如因不了解情况需询问他人让客户等待时，应回复"您好，请稍等"，然后按下静音，再去询问，再次连线时应先回复"对不起，让您久等了"。

如让客户等待时间较长，超出 1 分钟时，应提示客户"您好，正在为您查询，请您再耐心等待，谢谢"。

（2）如需让客户记录时。

在与客户通话时，因提供的信息较长，需要客户记录下相关内容时，应回复"麻烦您记录一下，好吗"，并将语速放慢些。

（3）如无法当场回复客户时。

在与客户通话时，因某些原因，无法当场回复客户时，应回复"很抱歉，××先生/女士，您的问题我已经记录下来，将会在××小时内（简单问题不得超过 2 个小时，疑难问题不得超过 16 个小时）回复您，请问您还有其他问题吗"。

如 16 个小时内还没有结果，则要再给客户打电话回复，做好解释工作。

（4）如没有听清客户讲话内容时。

在与客户通话时，如没有听清客户的讲话内容，需要客户重复时，应回复"您好，很抱歉，我没有听明白您刚才讲话的内容，您能重复一下吗，谢谢"。

（5）如遇到客户表示感谢时。

在与客户通话时，遇到客户表示感谢，应回复"不客气，这是我的工作职责。感谢您对我工作的支持"。

3.4.6 接到投诉时的建议用语。

接到投诉时的建议用语

序号	投诉事项	具体说明
1	客户抱怨线路繁忙或接听不及时	当客户来电抱怨线路繁忙或接听不及时时，应回复："对不起，刚才因为线路忙，让您久等了！请问有什么可以帮助您？"
2	客户抱怨客服人员声音小	（1）当客户来电抱怨客服人员声音小时，应稍微提高音量回复："对不起，请问有什么可以帮助您？" （2）如客户还反馈听不清时，应回复："对不起，请您留下您的联系方式后挂机，我会马上再给您打过去。"
3	客户抱怨客服人员业务不熟练	当与客户通话时，客户抱怨客服人员业务不熟练时，应回复："对不起，让您久等了，我会尽快处理，请您耐心等待，谢谢！"
4	客户投诉反馈不及时	当客户投诉反馈不及时时，应回复："对不起，让您久等了，我已经将您的问题提交到相关部门并在跟进，请您耐心等待，谢谢！"

续表

序号	投诉事项	具体说明
5	接听客户投诉，受理结束	当接到客户的投诉电话并受理结束后，应回复："很抱歉，××先生/小姐，多谢您反映的意见，我们会尽快向上级部门反映，并在××小时内给您明确的答复。"
6	客户提出建议	当接到客户提出的建议时，应回复："谢谢您提出的宝贵建议，我们将及时地反馈给公司相关负责人员，再次感谢您对我们工作的关心和支持。"
7	向客户解释完后，求证客户是否明了	（1）当向客户解释完问题后，需要再次确认客户是否已经明了，应回复："请问我刚才的解释您是否明白？" （2）若客户不能完全明白，应将客户不明白的地方重新进行解释，直到客户明白为止
8	客户提出的问题超出服务范围	当客户提出的问题超出了服务范围时，应回复："很抱歉，这超出我们的服务范围，恐怕我不能帮助您。"
9	客户询问个人信息超出服务范围	（1）当客户询问个人信息超出了服务范围时，应回复："对不起，我的工号是×××。" （2）若客户坚持要求，可以告诉客户公司规定只能通报工号
10	转接	（1）当因为某些原因要做转接时，应先征求客户的意见 （2）应回复："对不起，您的问题需要转接××专席，请您稍等，不要挂机，好吗？" （3）在得到客户和转接方同意后，进行转接
11	遇到客户致歉	当与客户通话时，遇到客户致歉，应回复："没关系，请不必介意。这是我的工作职责。"
12	客户态度恶劣	当与客户通话遇到客户态度恶劣、破口大骂、无理取闹时，作为一个客服人员，首先要调整自己的状态，回复："对不起，××先生/女士，您不要着急，请问有什么可以帮您？"

3.4.7 涉及商务信息。

当遇到客户来电询问以下信息时，客服可不予作答。

（1）合作事宜（包括站点应用的分成、内部信息交换的流程）。当客户来电询问相关合作事宜时，应回复客户："对不起，您的问题不在我的服务范围之内，如果您有任何合作意向，请您留下您的联系方式，我这边会帮您传达到销售部门，由他们与您联系。"

（2）公司信息（除公司网站外的其他信息，包括员工信息、公司运营规模、公司业绩，以及公司年收入等）。当客户来电询问公司及员工相关信息时，应回复客户："对不起，您的问题不在我的服务范围之内，请问您还有其他问题吗？"

（3）合作伙伴及会员信息（包括来电人所属的会员信息）。当客户来电询问相关合作伙伴及会员信息时，应回复："对不起，您的问题不在我的服务范围之内，如果您有任何合作意向，请您留下您的联系方式，我这边会帮您传达到相关部门，由他们与您联系。"

3.4.8 其他。

作为一个客服人员，首先要调整好自己在与客户通话时的心态，不可以无故挂断客户（非客户）电话，在与客户通话时，不可以用非服务语言与客户交流，不可以出现方言或地方性词汇，尽量避免口头禅，并且不能太过热情。

3.4.9 服务禁忌。

（1）客户讲话时随便打断客户、插话或转移话题。

（2）客户挂机前先行挂机。

（3）客户尚未挂机前与同事交谈。

（4）精神萎靡，态度懒散。

（5）与客户发生争执。

（7）通话时打哈欠、吃东西或嚼口香糖。

（8）上班时间外拨或者接听私人电话。

3.5 400客户服务电话使用管理规定

3.5.1 400客户服务电话用于客户咨询、投诉及特殊事项处理，为保证通信线路不受阻塞，禁止客服人员在任何时间以任何理由利用该电话接打私人电话。

3.5.2 确保400客户服务电话24小时有人接听。

3.5.3 如发现客户服务电话长久未有来电时，应及时拨测，检查电话线路是否正常，如线路发生故障，应及时地与技术部门联系及时修复，并填写"故障记录单"，记录故障原因及故障时间等重要信息。

3.5.4 对于外面客户打进来的咨询电话，客服人员应主动询问对方来电的需求、目的、与公司内联系人员的名字及对方详情，并耐心、详细、认真地解答当事人提出的问题；对于需核实、调查的问题，不可擅作主张应答，应做好留言记录，转至相关部门负责人或分管领导，待拿出解决方案后回电至客户。

3.5.5 当外面客户索取公司总经理、副总经理等高层领导的相关信息时，不可随意告知，应询问客户有无重要事情，可提供公司对外服务电话，或征询留下对方联系方式，以便稍后回复。

3.5.6 400客户服务电话必须安排专人负责接听，该接听人员如遇请假、辞职或其他特殊情况时，应及时交接给工作代办人，不能因为个人原因造成电话呼损。

3.5.7 爱护电话设备，未经上级领导审核同意，禁止私自乱接分机。

3.5.8 电话接听结束后，需将话机放好，以免影响正常接入。

3.5.9 在电话接听过程中，如因特殊情况通话时间过长，应请求客户谅解，用另外一部电话立即回复客户，避免通话时间过长影响其他客户的电话接入。

3.5.10 每天下班前将有关问题汇总并报告至相关领导。

| 拟定 | | 审核 | | 审批 | |

四、客服部门保密制度

标准文件		客服部门保密制度	文件编号	
版次	A/0		页次	

1. 目的

客服部门在工作中会接触到很多公司重大经营信息、客户信息以及网站的后台资料，为了保护公司和客户的秘密，维护公司和客户的利益，特制定本制度。

2. 适用范围

客服部门所有员工。

3. 权责

客服人员有履行本制度的责任。此制度由公司负责拟定、修改，最终解释权归属本公司。

4. 管理规定

4.1 保密范围

4.1.1 公司重大决策中的秘密事项、公司的重要商业运营方案、策划方案。

4.1.2 网站后台登录用户名和密码、网站的后台操作记录、网站的重大改版和更新内容、网站客户的重要信息。

4.1.3 客户的账号秘密、身份证号、手机号、银行卡号、地址、充值记录、提现记录等相关信息和其他相关的注册资料。

4.1.4 客服人员的用户名和密码，客服人员的培训学习资料，客服聊天记录，电话客服的接待录音，客服部门重要规章制度，客服部门重要工作表格，客服部门问题总结、客户问题记录、客户到访记录等相关重要记录文件。

4.1.5 公司美工设计稿件、原件、运营策划方案，文档设置方案等重要设计稿件、设计作品、重要产品。

4.1.6 所有相关账号的密保相关内容。

4.1.7 公司内部掌握的合同、协议、意见书及可行性报告、主要会议记录。

4.1.8 公司职员人事档案，工资性、劳务性收入及资料。

4.1.9 公司要求的其他保密事项。

4.2 保密要求

4.2.1 未经许可，不得向任何第三方透露公司涉及保密的内容，违者追究相关责任。

4.2.2 未经许可，不得向任何第三方透露客户的相关个人资料。

4.2.3 用户在资料的查询过程中，只有通过验证确认了是用户本人之后才能提供相关资料。

4.2.4 官网、微信服务号公众号的重要更新内容官方未正式公布之前，不得通过任何方式向第三方透露。

4.2.5 未经允许，不得登录其他人的客服账号，只能使用自己的账号为客户服务。

4.2.6 只能在上班时间登录网站、系统后台、客服软件，其他时间原则上不允许随意登录，发现有非值班时间登录后台的将严肃处理。

4.2.7 未经允许，不能在贴吧、微博、QQ群等网上交流平台随意披露官网、平台的保密信息。

4.2.8 不得将公司的规章制度、行为规范、保密制度等制度内容、培训资料、文件表格等重要资料上传共享到互联网，也不得随意传递给第三方。

4.2.9 不得擅自更改买家、入驻商家账户注册等相关信息。

4.2.10 客服电脑不得安装未经安全认证的软件，不得下载带有安全风险的文件，客服人员不得浏览带有安全风险的网站，必须保证电脑的安全性，每天进行扫描和查杀病毒。

4.2.11 严禁出卖公司、客户的保密资料以换取利益，一经发现将严肃处理，触犯法律的依法追究法律责任。

4.2.12 客服管理员账号、普通客服账号、网站后台账号和相关的密码、密保等重要信息持有人有妥善保管的责任，密码设置不宜过于简单，不得随意公布和透露，若因为持有人的过失导致账号和密码泄露造成损失的，将追究责任。

4.2.13 涉及保密的文件、文档在使用过后不需要留存的，要进行彻底删除、粉碎销毁。

4.2.14 对于已经发现的泄密行为，客服部门员工有义务上报，知情不报者同样会受到惩罚，及时地汇报并挽回损失将会受到奖励。

4.3 责任与奖惩

4.3.1 发现失密、泄密现象，要及时地向主管部门报告。出现下列情况之一者，给予严重警告，并扣发绩效奖金：

（1）泄露秘密，尚未造成严重后果或经济损失的。

（2）违反本制度规定的秘密内容的。

（3）已泄露公司秘密但采取补救措施的。

4.3.2 出现下列情况之一的，予以辞退并酌情赔偿经济损失：

（1）故意或过失泄露公司秘密，造成严重后果或重大经济损失的。

（2）违反本保密制度规定，为他人窃取、刺探、收买或违章提供公司秘密的。

4.3.3 违反法律规定的，追究其法律责任。

4.3.4 对于及时发现失密、泄密现象，挽回了重大经济损失的员工，公司将酌情给予奖励。

| 拟定 | | 审核 | | 审批 | |

五、客户服务中心绩效考核管理办法

标准文件		客户服务中心绩效考核管理办法	文件编号	
版次	A/0		页次	

1. 目的

为客观公正地对客户服务中心员工的工作绩效作出评价，进一步明确客户服务中心内部各岗位在绩效考核中的职责，规范绩效考核管理工作流程，特制定本办法。

2. 适用范围

适用于客服中心员工的绩效考核管理。

3. 管理规定

3.1 绩效考核的原则

3.1.1 公开、透明、一致性的原则。

明确规定考核标准、考核程序和考核责任，并在一定时间内保持考核内容等的一致性或连续性，同时要向本部门员工公开考核标准、考核程序和对考核责任者的规定等，以保证员工对绩效考核工作的支持和理解。

3.1.2 客观公正的原则。

考核人在进行考核时要客观、公正，客观反映员工的实际情况，避免由于光环效应、亲近性、偏见等带来的误差。

3.1.3 考核内容分明的原则。

绩效考核是对考核期内工作成果的综合评价，应就事论事而不可将与工作无关的因素带入考核工作，也不应将本考核之前的行为强加于本次的考核结果中，更不能取近期的业绩或比较突出的一两个成果来代替整个考核期的业绩。

3.1.4 及时反馈的原则。对员工的考核结果要及时地反馈给被考核者，肯定成绩和进步，说明不足之处，并提供今后努力的意见及方向。

3.2 设立绩效考核工作小组

中心设立绩效考核工作小组，由客户服务室负责人、质量控制室负责人、综合服务室负责人、质检专员、信息审核岗、业务培训岗、专员组长等相关人员组成，负责相关指标的绩效考核，综合室人力资源管理员负责最后的汇总工作。

3.3 考核内容及考核周期

3.3.1 全职座席专员的考核包括月度考核与季度考核，考核结果与专员的绩效工资和奖金挂钩。季度考核成绩为月度考核成绩的平均值。

3.3.2 后台支持人员及管理人员的考核内容分上线工作、岗位工作。上线工作按月考核，岗位工作按季考核，季度考核成绩为月度考核成绩的平均值与岗位工作的加权值，具体考核指标、权重根据工作时间分配及实际工作内容确定，适时地调整。

3.3.3 兼岗专员考核主要根据其工作时间分配来确定考核权重。

3.3.4 专员请休假，符合《员工考勤与请休假规定》中享受绩效工资的，请休假期间的按其当月绩效考核平均值按天折算。

3.3.5 专员从事中心安排的其他工作而未直接上线的，未上线期间的绩效考核按其当月绩效考核平均值按天折算。

3.3.6 已转正但通关未过的专员当月绩效为零分，由于服务态度或业务水平等原因下线的专员，下线期间的绩效成绩按天以零分计算。

3.3.7 相关指标及权重可根据业务发展与考核执行情况由绩效考核工作小组提出调整意见，经中心领导班子审核同意后，予以调整。

3.4 工作流程

3.4.1 绩效考核工作流程分为四个步骤：提交考核意见、汇总和计算、复查、结果上报。

3.4.2 每月26～30日，由综合管理室绩效管理岗负责组织督促各考核人在规定时间内对员工提出绩效考核意见，并报其审核人签字确认。对应的考核人、审核人要求如下表所示：

考核指标	考核人	审核人
质检成绩	质检专员	质量控制室负责人
表扬、投诉（加减分项）		
普通话水平（减分项）		
辅导工作（加分项）		
季度考试成绩（加减分项）		
业务通知书填写质量（减分项）	信息审核岗	
月话务量	话务分析员	客户服务室负责人
在线率		
客户满意度		
值机情况	现场监控	
纪律扣分		

续表

考核指标	考核人	审核人
合理化建议	人力资源管理岗	综合管理室负责人
兼岗专员考核	相关管理岗	上一级主管

3.4.3 绩效管理岗将考核意见进行汇总计算，于次月5日之前得出考核结果，提交综合室管理负责人。综合管理室负责人商洽质量控制室负责人、客户服务室负责人同意后，提交部门总经理签字审批，公布考核结果。

3.4.4 综合管理室将最终考核成绩分发给各运营组长，由运营组长完成当月绩效面谈。

3.4.5 员工对考核结果有疑问的，可于结果公布之日起3个工作日内填写"客户服务中心月度考核结果复查申请表"，申请复查。中心领导班子对提出复查申请的员工相关绩效指标组织复查。复查结果为该员工考核月份绩效考核的最终结果。

3.4.6 考核成绩与绩效工资挂钩，具体根据公司绩效工资发放办法，在规定日期前按季将专员绩效考核结果制表上报人力资源部。

3.5 绩效管理流程（见下图）

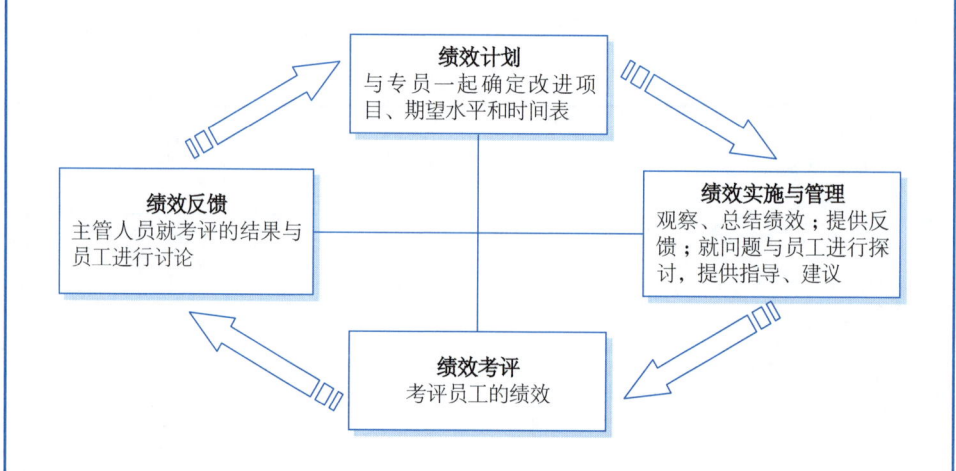

```
          ┌─────────────────┐
          │     绩效计划     │
          │ 与专员一起确定改进项│
          │ 目、期望水平和时间表│
          └─────────────────┘
         ↗                    ↘
┌─────────────────┐      ┌─────────────────┐
│     绩效反馈     │      │   绩效实施与管理  │
│ 主管人员就考评的结果与│      │ 观察、总结绩效；提供反│
│ 员工进行讨论      │      │ 馈；就问题与员工进行探│
│                 │      │ 讨，提供指导、建议   │
└─────────────────┘      └─────────────────┘
         ↖                    ↙
          ┌─────────────────┐
          │     绩效考评     │
          │   考评员工的绩效  │
          └─────────────────┘
```

3.5.1 绩效计划。根据本办法，运营组长会同绩效管理岗对专员进行辅导，帮助专员掌握考核内容及评分标准，同时对专员上月绩效表现进行讨论，在共识的基础上，专员对自己的工作目标作出承诺，同时填写"客服中心专员绩效计划表"。

3.5.2 绩效实施与管理。制订绩效计划之后，专员根据绩效计划开展工作。在工作过程中，运营组长会同绩效管理岗对专员的工作进行指导和监督，对于发现的问题及时地予以解决，并对绩效计划进行调整，同时填写"客服中心专员绩效实施沟通表"。

3.5.3 绩效考评。各考核人在每月月底对在岗专员提交绩效考核指标结果，并报其审核人签字确认。部门绩效管理专员根据本办法将各考核人对在岗专员的考核意见进行汇总计算，得出考核结果，提交综合室负责人。综合室负责人商洽质量控制室负责人、客户服务室负责人同意后，提交中心部门领导签字审批，公布考核结果。

3.5.4 绩效反馈。绩效考核结果公布后，运营组长会同绩效管理岗对专员进行绩效反馈，使专员了解部门对自己的期望，认识自己有待改进的方面；同时专员也可以提出自己在完成绩效目标的过程中遇到的困难，并填写"客服中心专员绩效评估反馈表"。

拟定		审核		审批	

第三节 客服管理表格

一、客户地域分布表

客户地域分布表

编号	客户地址	客户姓名	原居住地址	成交日期	备注

制表人： 填表日期：

二、一级客户登记表

一级客户登记表

客户名称	负责人员	经营项目	年交易额	优惠产品及价格

三、客户名册登记表

客户名册登记表

序号	姓名	电话	住址	来电来访日期	客户意向	客户追踪	跟进情况

制表人： 　　　　　　　　　　　　　　　填表日期：

四、呼入记录表

呼入记录表

呼入单位		开始时间		结束时间	
呼入者	姓名		接听者	姓名	
	职位			编号	
呼入内容					
备注					

五、呼出记录表

呼出记录表

呼出单位		开始时间			结束时间	
呼出者	姓名			客户	姓名	
	职位				编号	
呼出内容						
处理意见						

六、电话访谈记录表

电话访谈记录表

被呼叫人的姓名/公司名称	电话号码	日期	通话时间	通话长度	目的	重复呼叫的必要性
备注						

七、客服中心专员绩效计划表

客服中心专员绩效计划表

编号：

姓名		所属技能组		所属组长	
职位		制订计划日期			
总体意见（包括优点与不足之处）：					
改进计划：					

续表

待改进的项目	改进措施	目前水平	期望水平	时间表

限期及目标（可分阶段实施）：
主管签字：　　　　　　　　日期： 员工签字：　　　　　　　　日期：
效果评估及相关结论：
主管签字：　　　　　　　　日期：
员工个人意见：
员工签字：　　　　　　　　日期：

八、客服中心专员绩效实施沟通表

客服中心专员绩效实施沟通表

编号：

姓名		所属技能组		所属组长	
职位		沟通日期			

总体意见（包括绩效实施中的优点和不足）：

改进计划：

待改进的项目	改进措施	目前水平	期望水平	时间表

效果评估及相关结论：
主管签字：　　　　　　　　日期：
员工个人意见：
员工签字：　　　　　　　　日期：

九、客服中心专员绩效评估反馈表

客服中心专员绩效评估反馈表

编号：

姓名		所属技能组		所属组长	
职位		反馈日期			
上月工作总结（执行情况）：					
改进项目	期望水平	实际达到水平		效果评估及相关结论	
下月工作重点： 主管签字： 日期：					
员工意见反馈： 员工签字： 日期：					

第四章

客户满意度管理

第一节　客户满意度管理要领

一、厘清满意度调查的目标和内容

对于企业管理者来说，满意度调查的核心是确定产品和服务在多大程度上满足了顾客的欲望和需求，应该达到以下四个目标：

（1）确定导致顾客满意的关键绩效因素。
（2）评估公司的满意度指标及主要竞争者的满意度指标。
（3）判断轻重缓急，采取正确行动。
（4）控制全过程。

就调查的内容来说，又可分为顾客感受调查和市场地位调查两部分。顾客感受调查只针对公司自己的顾客，操作简便。主要测量顾客对产品或服务的满意程度，比较公司表现与顾客预期之间的差距，为基本措施的改善提供依据。市场地位调查涉及所有产品或服务的消费者，对公司形象的考察更有客观性。不仅问及顾客对公司的看法，还问及他们对同行业竞争对手的看法。比起顾客感受调查，市场地位调查不仅能确定整体经营状况的排名，还能考察顾客满意的每一个因素，确定公司和竞争对手间的优劣，以采取措施提高市场份额。在进行满意度指标确定和分析应用的过程中，应始终紧扣和体现满意度调查的目标和内容要求。

二、确定满意度调查指标

满意度调研首先应揭示出不同顾客满意的指标在重要性上的差异、顾客满意的程度，而且应找出满意和不满意的内在原因，并能比较各个竞争对手和自身在不同指标上的优劣。通过制定满意度指标应该能保证达到这一目的。应该注意的是，这些指标的确定应该主要来自于顾客而不是公司方面主观想象的结果。企业应结合利用定量和定性研究方法来确定关键的满意度指标。

三、满意度调查的分析应用

1. 满意度调查的定性分析

通过对满意度调查得出的开放题的答案进行分析，可以确定对各个满意度指标的评价和重要性，也有助于找出顾客满意或不满意的主要原因。通过编码和汇总分类，从开放性问题的回答中识别和提取重要的主题、问题、结构。编码过程往往会带有很强的主观性，而减少主观性的途径之一就是比较两个或者两个以上独立编码的个人所设计的代码，这样可以检验并讨论想法的差异，并在最终的代码表中包含每个人的最佳意见。

内容分析方法是满意度调查中的重要的定性分析方法，通过计算有关满意度的某个具体观点、看法或者观察其出现的次数，进行词语频率分析，确定词语使用水平的模式。在开放性问题的回答中确定初步代码或者从焦点小组中确定初步的满意度指标时，词语的出现次数是很有价值的信息。

2. 满意度调查的定量分析

定量分析是将原始数据转化为易于理解和解释的形式，并通过各种统计技术的应用深入挖掘和分析变量间的关系。在满意度的量化分析中，数据分析既包括对各满意度指标百分率变化的描述性分析，也包括运用复杂的统计技术确定不同的满意度指标对整体满意度的重要性、根据历史数据预测整体满意度以及比较公司与竞争对手在各满意度指标上的优势和劣势。最终在这些分析的基础上，确定公司在改进产品和服务，提高满意度上应该采取的措施。

第二节 客户满意度管理制度

一、客户满意度测评管理规定

标准文件		客户满意度测评管理规定	文件编号	
版次	A/0		页次	

1. 目的
为了对外部顾客（主要指经销客户与终端用户）满意度的调查、评价、研究及结果的应用等进行管理和控制，寻找改进机会，提高客户满意度，特制定本规定。

2. 适用范围
适用于经销客户及终端用户满意度的调查、评价、研究及结果应用的管理和控制。

3. 职责
3.1 市场部

3.1.1 负责组织外部顾客满意度调查方案的设计、执行,以及满意度测评、提升及存在问题整改的组织推进工作。

3.1.2 负责对终端用户满意度的资料收集。

3.2 渠道部

协助市场部对终端用户满意度的资料收集,负责协助市场部对外部顾客满意度的测评与提升。

3.3 销售部

负责对经销客户满意度的资料收集,并对经销客户及服务站服务质量问题进行整改。

3.4 大客户部

负责对终端大客户满意度的资料收集,并对大客户服务质量问题进行整改。

4. 术语和定义

4.1 外部顾客

接受产品的组织或个人。在本规定中主要指经销客户及终端用户。

4.2 客户满意度

在本规定中主要指经销客户及终端用户对其要求已被满足的程度的感受。

5. 工作流程

5.1 外部顾客满意度测评工作流程

外部顾客满意度测评工作流程

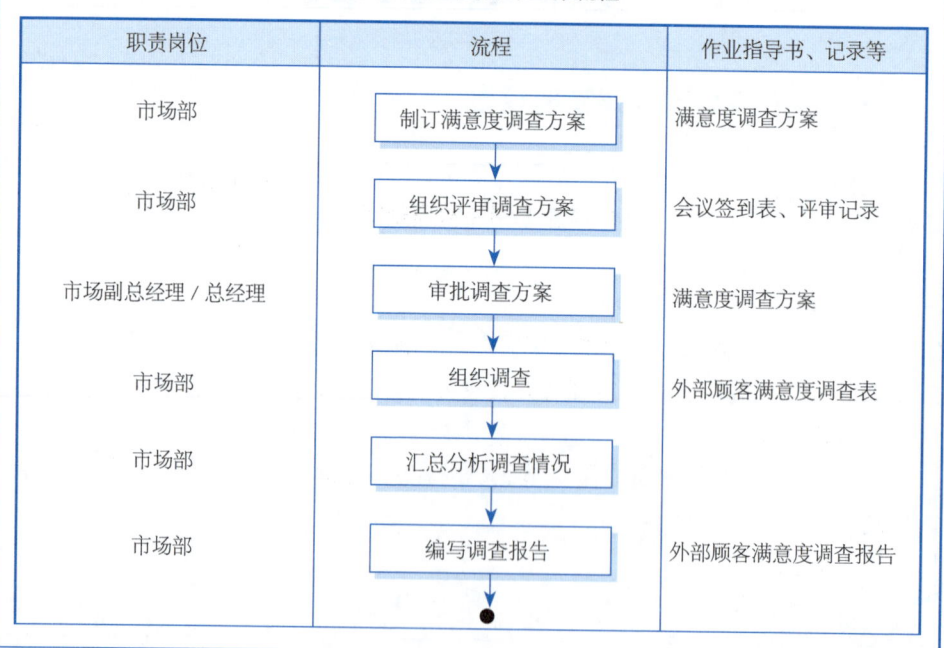

职责岗位	流程	作业指导书、记录等
市场部	制订满意度调查方案	满意度调查方案
市场部	组织评审调查方案	会议签到表、评审记录
市场副总经理/总经理	审批调查方案	满意度调查方案
市场部	组织调查	外部顾客满意度调查表
市场部	汇总分析调查情况	
市场部	编写调查报告	外部顾客满意度调查报告

续表

职责岗位	流程	作业指导书、记录等
市场部	组织分析	会议签到表
市场部	组织改进	整改计划
市场部/销售部/技术研发中心/渠道部/商品项目部/大客户部/调度中心/生产部等	实施改进	整改方案、见证材料

5.2 外部顾客满意度测评工作流程说明

外部顾客满意度测评工作流程说明

序号	流程块	工作标准	期量标准
5.2.1	制订满意度调查方案	（1）市场部制订的外部顾客满意度调查方案内容应包括： ① 评价对象（经销客户及终端用户） ② 评价范围（本公司及同行厂家产品） ③ 评价项目 ④ 实施项目的组织、人员及职责 ⑤ 评价采用的统计调查方法（调查内容、调查方式、取样规定、权重分配） ⑥ 评价活动的推进计划 ⑦ 评价报告的编制、反馈和利用 ⑧ 费用预算 （2）外部顾客满意度的评价范围应包括：产品质量、交货期、服务质量、售后退货及交付问题等 （3）外部顾客满意度调查应同时考虑上年度的外部顾客满意度和不满意状况	—
5.2.2	组织评审调查方案	市场部组织公司主管领导、销售部、渠道部、商品项目部、财务部、大客户部、技术研发中心等部门相关人员对调查方案进行评审	—
5.2.3	审批调查方案	（1）公司市场部每年根据市场的实际情况，有针对性地设计当年客户满意度调查方案 （2）公司市场部经理审核客户满意度调查方案 （3）公司市场部副总经理批准客户满意度调查方案	—
5.2.4	组织调查	（1）市场部组织开展外部顾客满意度调查或委托第三方进行调查 ① 外部顾客满意度调查每年至少进行一次。调查以"满意度调查表"的形式向与公司签订有合同和/或有业务往来的客户（大客户、经销商、终端用户）进行调查。传递的方式主要有：拜访、邮寄、E-mail 及请人携带等 ② 满意度调查表发出后，销售大区、销售部、渠道部、市场部、商品项目部及大客户部共同完成调查表收集工作（具体分工按经审批的调查方案执行），要及时地跟踪、反馈并与顾客联系其填写后回复状况	—

101

续表

序号	流程块	工作标准	期量标准
5.2.5	汇总分析调查情况	（1）市场部或委托方汇总整理调查表，并对调查表进行有效判别 （2）市场部或委托方对有效表进行统计、分析	—
5.2.6	编写调查报告	（2）市场部或委托方根据统计、分析结果编写调查报告 （2）调查报告提交公司评审	—
5.2.7	组织分析	市场部组织相关部门对顾客满意度调查结果进行分析	—
5.2.8	组织改进	各部门需根据分析出的问题，整理出对应的提高满意度整改计划，市场部对改进过程进行监督推进。相关纠正和验证工作按《纠正与预防措施控制程序》执行	—
5.2.9	实施改进	各职能单位根据满意度分析及改进计划，推进实施满意度问题改进 （1）销售部负责服务质量问题的改进 （2）调度中心负责交付质量问题的改进 （3）技术研发中心负责产品性能及质量问题的改进	—

拟定	审核	审批

二、客户满意度调查与评价管理办法

标准文件		客户满意度调查与评价管理办法	文件编号	
版次	A/0		页次	

1. 目的

为了收集客户对本公司所提供的产品和服务的满意信息，了解客户的要求和期望，提高公司的产品质量和服务水平，提高客户满意度和忠诚度，特制定本办法。

2. 适用范围

本办法适用于与公司签约或有业务、贸易往来的客户满意度调查管理。

3. 术语

3.1 客户

接受公司产品或服务的组织或个人。

3.2 客户满意度

以市场上消费过或正在消费的产品、服务为对象，量化各种类型和各个层次的客户的评价，从而获得的一种综合性评价指标。它是从客户的角度测量企业产品、服务究竟在多大程度上满足了客户的要求。

3.3 客户满意度指数（CSI）

运用了计量经济学的理论来处理变量的复杂总体，全面、综合地度量客户满意程度的一种指标，包含感知质量、客户期望、感知价值、客户满意、客户抱怨和客户忠诚六大要素。

4. 管理职责和权限

4.1 营销管理部门（以下简称"营销部"）

负责客户满意度调查计划的编制、客户满意度调查内部信息及外部信息的收集及客户满意度调查统计结果的分析及反馈。

4.2 国内市场部（以下简称"国内部"）和国际市场部（以下简称"国际部"）

负责组织实施客户满意度调查表的发放和回收工作，负责向营销部报送客户满意度调查相关信息。

4.3 营销部

负责客户不满意问题的原因分析与整改建议，各相关部门负责制订并执行相关的纠正与预防措施。

4.4 质量管理部门

负责跟踪纠正和预防措施的实施、监控及效果确认。

5. 管理内容与方法

5.1 编制客户满意度调查计划

客户满意度调查计划是经营计划中的重要组成部分，营销部应于每年度初根据上年度客户满意度和不满意度的状况，并在结合本公司实际生产经营状况的基础上，拟订本年度的客户满意度调查计划，经分管的公司领导审核后执行。客户满意度的具体指标在每年度公司的质量目标中体现，并作为对管理体系业绩的一种测量。必要时可委托第三方机构进行客户满意度评价。

5.2 客户满意度信息的收集

5.2.1 客户满意度信息可细分为内部信息与外部信息，由销售部门（包括营销部、国内部、国际部）负责收集，并建立相应的记录。

5.2.2 内部信息收集内容包括但不限于合同协议的履约情况、交付情况（交付的及时性、准确性）等。

5.2.3 外部信息收集内容包括但不限于客户对产品质量的意见和建议、对服务质量的意见和建议、对价格的意见和建议。

5.2.4 内部信息的收集。

（1）客户以面谈、信函、电话、发邮件等方式对公司交付产品的质量与服务提出意见和建议时，国内部、国际部应做好相关的记录，并于每月8日前向营销部报送上月"合同执行情况表"。

（2）国内部和国际部收到客户对交付质量的投诉、抱怨等按《客户抱怨管理制度》实施和监控。质量管理部门应于下月初向营销部报送相关的内部信息（包括上月最终确认存在产品质量问题批次数、用户反馈缺陷产品件数、数量准确批次数、品种正确批次数、标识正确批次数、包装完好批次数、无额外运费批次数等相关信息）。

5.2.5 外部信息的收集，主要是由销售部门通过发放和回收客户满意度调查表的方式收集。

5.3 编制客户满意度调查表

5.3.1 公司确立的客户满意度主要通过客户满意度指数来体现，主要包括六个变量：客户期望、客户对质量的感知、客户对价值的感知、客户满意度、客户抱怨、客户忠诚。具体的客户满意度指数模型如下：

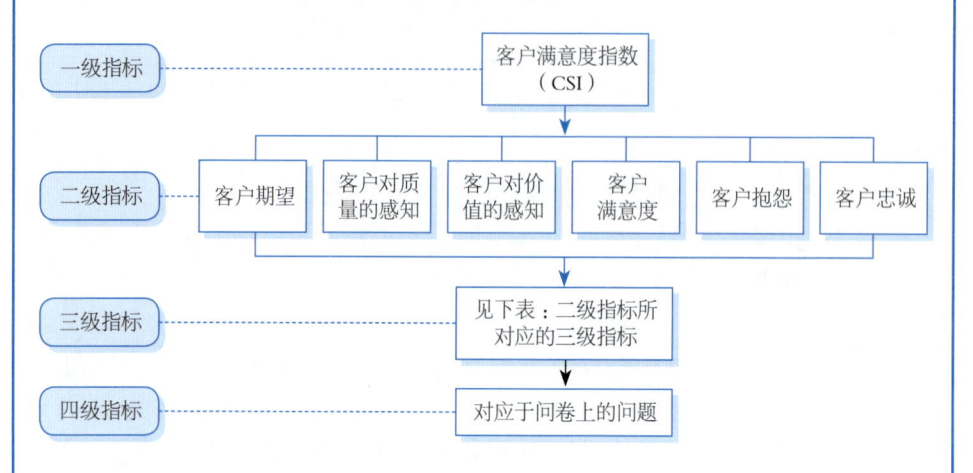

```
一级指标 ------- 客户满意度指数（CSI）
                      │
二级指标 ------- 客户期望 │ 客户对质量的感知 │ 客户对价值的感知 │ 客户满意度 │ 客户抱怨 │ 客户忠诚
                      │
三级指标 ------- 见下表：二级指标所对应的三级指标
                      │
四级指标 ------- 对应于问卷上的问题
```

5.3.2 客户满意度指标体系分解。

二级指标	三级指标	四级指标
客户期望	（1）客户对产品或服务的质量的总体期望 （2）客户对产品或服务满足需求程度的期望 （3）客户对产品或服务可靠性的期望	公司产品与客户的理想产品是否吻合
客户对质量的感知	（1）客户对产品或服务质量的总体评价 （2）客户对产品或服务质量满足需求程度的评价 （3）客户对产品或服务质量可靠性的评价	（1）产品稳定性 （2）产品耐用度 （3）交付及时性 （4）售前服务
客户对价值的感知	（1）给定价格条件下客户对质量级别的评价 （2）给定质量条件下客户对价格基本的评价 （3）客户对总价值的感知	产品性能与价格比
客户满意度	总体满意度感知与期望比较	对公司总体满意度
客户抱怨	（1）客户抱怨 （2）客户投诉	售后服务
客户忠诚	（1）重复购买的可能性 （2）能承受的涨价幅度 （3）能抵制竞争对手降价幅度	重复购买的可能性
注：四级指标根据三级指标及公司的实际情况进行分解，不限于本表单所列项目。		

5.3.3 确定二级指标权重。

（1）确定二级指标标度。

标度 Aij	定义域
1	i 指标与 j 指标同样重要
3	i 指标比 j 指标略重要
5	i 指标相对于 j 指标很重要
7	i 指标相对于 j 指标非常重要
9	i 指标相对于 j 指标绝对重要
倒数	j 指标与 i 指标比较值 Aji=1/Aij

（2）二级指标两两比较矩阵。

对比 Ai \ 权重 Aj	客户期望	客户对质量的感知	客户对价值的感知	客户满意度	客户抱怨	客户忠诚
客户期望	1	1/3	1/9	3	1/5	1/7
客户对质量的感知	3	1	5	9	3	7
客户对价值的感知	9	1/5	1	3	3	3
客户满意度	1/3	1/9	1/3	1	1/3	1/3
客户抱怨	5	1/3	1/3	3	1	1/3
客户忠诚	7	1/7	1/3	3	3	1
列总合	76/3	668/315	64/9	22/1	158/15	248/21

（3）二级指标标准两两比较矩阵。

	客户期望	客户对质量的感知	客户对价值的感知	客户满意度	客户抱怨	客户忠诚	行平均值
客户期望	3/76	105/668	1/64	3/22	3/158	3/248	0.0633
客户对质量的感知	9/76	315/668	45/64	9/22	45/158	147/248	0.4300
客户对价值的感知	27/76	63/668	9/64	3/22	45/158	63/248	0.2109
客户满意度	1/76	35/668	3/64	1/22	5/158	7/248	0.0363
客户抱怨	15/76	21/668	3/64	3/22	15/158	7/248	0.0892
客户忠诚	21/76	5/668	3/64	3/22	45/158	21/248	0.1394
合计	—	—	—	—	—	—	0.969

（4）指标特征向量。

二级指标	二级指标权重	备注
客户期望	0.063	（1）二级指标权重之和偏差0.031，在具体计算统计时作为修正值 （2）四级指标的具体权重在调查问卷上直接体现
客户对质量的感知	0.430	
客户对价值的感知	0.211	
客户满意度	0.036	
客户抱怨	0.089	
客户忠诚	0.139	

5.3.4 营销部根据项目内六要素和公司实际状况对客户满意度调查的内容和项目进行策划，并将策划的客户满意调查项目和内容以"客户满意度调查表"的形式列出，经管理者审查批准后，由国际部和国内部负责进行客户满意度的调查工作。

5.3.5 "客户满意度调查表"中的调查项目评价按等级划分，如"满意、较满意、一般、不满意"等，开放项目的调查，如"其他意见或建议"等，由客户根据本公司实际所提供的产品质量、交付和服务等状况进行填写。

5.3.6 当客户用自己的相关表单来评价对公司的满意度调查状况时，应优先采用客户的相关表单与之进行沟通。

5.4 客户满意度调查的频次、方式、范围

客户满意度调查每年不少于1次，国内部和国际部可以通过邮寄、发电子邮件或拜访等方式发放和回收"客户满意度调查表"。客户满意度调查范围覆盖年销售额不少于××万元的客户的20%。

5.5 客户满意度调查表回收

调查表发出后，国内部和国际部负责追踪、反馈，并与客户联络其填写后回传的状况，做到及时回收。外部客户调查表或调查问卷的回收率应不低于70%。

5.6 客户满意度调查统计、汇总、分析

5.6.1 "客户满意度调查表"回传至本公司后，由国内部和国际部负责接收、登记，国内部、国际部接收调查表后，及时传递至营销部，由营销部展开统计与分析。每个客户总评分小于80分为不满意，80～90分为满意，大于90分为很满意，必要时可以就有关具体事项与客户进一步沟通，以获得更具体、详细的信息，同时取得客户的理解和信任。问卷设计中按照四级指标的归纳各取平均分后，汇总到二级指标内，再根据指标特征向量的权重比例进行统计和计算，计算出公司的客户满意度指数，编制《客户满意度测评报告》。

5.6.2 客户满意度指数公式。

$$客户满意度指数 CSI = \sum \lambda_i X_i$$

其中：λi——第 i 项指标的加权系数；

Xi——客户对第 i 项指标的评价（取该项平均分）。

其中二级指标的"客户抱怨要素"计算过程如下：

$$客户抱怨得分 = [（A+B+过程审核得分）+C] \div 4$$

其中：A——客户对交付产品质量的得分；

B——交付产品及时性、准确性等（A+B+过程审核得分）−计算时根据四级指标的满分权重做相应的转换。

C——四级指标得分。

$$A = 60 \times \left(1 - \frac{最终确认存在产品质量问题批次数}{本测量期实际交付批次数}\right) + 40 \times \left(1 - \frac{本测量期用户反馈缺陷产品件数}{本测量期实际交付产品数量}\right)$$

$$B = \{30 \times 交付及时批次数 + 20 \times （数量准确批次数+品种正确批次数）+ 10 \times （标识正确批次数+包装完好批次数+无额外运费批次数）\} \div 本测量期向客户交付批次数$$

过程审核得分：当有客户对公司进行过程程序审核时，过程审核得分采用客户审核结果；当没有客户审核结果时，采用公司过程审核结果；当本测量期既无客户过程审核，又无公司内部过程审核结果时，过程审核得分视为满分。

5.7 客户满意度评价

营销部在客户满意度调查表统计汇总得出客户满意度指数及各项指标分析的数据基础上，结合平时收集到的内外部信息对客户满意度进行评价，形成客户满意度评价报告，经分管领导审核后，报告总经理。

5.7.1 客户满意度评价报告中应体现出客户满意的趋势和不满意的主要方面、改进的意见建议等，并有客观书面资料予以支持。

5.7.2 客户满意度评价报告经总经理批准后，由质量管理部门对相关部门、车间发出整改通知。必要时由管理者组织销售部门、技术部门、生产车间、质量管理部门等制订持续改进措施。

5.8 客户不满意事项的整改

5.8.1 相关责任部门收到整改信息后，应按《体系改进管理制度》的规定进行不满意度原因分析，并制订纠正与预防措施，并反馈给质量管理部门和营销部。

5.8.2 质量管理部门根据相关责任部门拟定的纠正与预防措施进行追踪及效果确认，对确认无效的由相关责任部门重新进行原因分析和重新拟定纠正与预防措施，直到问题得到有效解决和处理。

5.8.3 经确认有效的，如有必要将其予以标准化，则由质量管理部门将确认有效的结果和数据及资料通知相关部门，由其进行标准化，若标准化影响文件与资料的修改，则由相关责任部门依《文件控制管理制度》进行作业，标准化完成后方可结案。如无需标准化，则由质管部将效果确认的结果通知相关责任单位进行结案。

5.8.4 如客户有要求时，销售部门应将责任部门针对客户不满意的主要方面所拟定的纠正与预防措施经管理者代表批准后，反馈给客户。

5.9 营销部年终应总结客户满意度调查、评价和整改情况。

5.10 与客户满意度调查有关的质量记录，由各相关部门参照《记录管理制度》进行。

拟定		审核		审批	

三、客户满意度调查管理规定

标准文件		客户满意度调查管理规定	文件编号	
版次	A/0		页次	

1. 目的

为了及时、真实地掌握客户使用公司产品的情况，全面了解客户的服务需求，使本公司提供的服务获得客户的认可、提升客户满意度，特制定本管理规定。

2. 适用范围

本规定适用于客服人员对客户进行满意度调查管理。

3. 职责

3.1 满意度调查从目前已成交的客户开始，对目前在售的产品、使用环境、服务质量等多项内容进行回访。

3.2 由售后客服部负责满意度的调查和汇总工作；收集顾客对产品、服务质量等方面的意见和建议；对调查结果按发现的问题类型进行分类整理、统计、汇总和分析，最后报主管领导审阅，同时报各相关部门进行处理。

3.3 各相关部门应根据满意度调查结果，针对客户提出的意见和建议，制订相应的纠正和预防措施，组织实施，加以改进。如果确实是在解决能力之外的可报相关部门进行协商处理或对顾客进行解释，由部门领导负责检查和监督落实情况。

4. 管理规定

4.1 调查方式

4.1.1 采用电话调查方式，原则上必须用公司客服热线，以免造成客户对陌生电话号码的疑惑。

4.1.2 采用发放调查问卷方式，由售后客服部将调查计划及调查问卷传送至销售部，由销售部通过相应方式传送至客户填写，填写完毕后由销售部收回交售后客服部汇总、分析。调查问卷回收率应不低于70%。

4.2 调查频次

4.2.1 产品送货满 1 个月，对客户进行第一次回访。

4.2.2 产品送货满 3 个月，对客户进行第二次回访。

4.2.3 保修期满 1 年，对客户进行第三次回访。

4.3 调查对象

准客户，尤其是使用人，了解其对产品及服务是否满意。

4.4 行为规范

4.4.1 客服人员在回访过程中需使用规范用语，语言组织应流畅，语音甜美，语速适中。

4.4.2 在回访中，要耐心对待情绪激动的顾客，不允许与顾客发生争执，不允许责怪顾客。

4.4.3 在回访中，要认真处理顾客的投诉、不满、疑惑等，应诚实、可信，并且对公司负责，对客户负责。

4.5 调查回访流程

4.5.1 制订调查计划：客服人员根据客户资料制订客户满意度调查计划，包括客户满意度调查的大概时间、回访目的、回访内容等。应根据公司业务情况结合客户特点选择适合的回访方式。

4.5.2 准备回访资料：客服人员根据客户满意度调查计划准备客户满意度调查的相关资料。客服人员必须详细地了解客户信息包括客户基本情况（姓名、职务、联系方式等）、客户服务的相关记录（产品型号、数量、送货日期等）和客户的特殊需求等，不得因对业务不熟悉在回访中造成客户的二次投诉。

4.5.3 实施调查回访。

（1）客服人员要热情、全面地了解客户的需求和对服务的意见，对回访过程中接收到的所有信息都要做好详细的登记，并认真填写"客户满意度调查记录表"。

（2）针对回访中出现的质量或服务不满意事项，能及时地解答的问题，要跟客户做好解答，不能解决的问题应及时以"客户信息反馈单"向相关部门反馈，交由相关部门解决；服务结束后，由相关部门将处理结果反馈至客服人员，由客服人员对顾客重新进行回访，调查顾客满意度。

（3）回访中应详细地了解产品的使用情况以及顾客新的需求和建议，如了解到客户有再次购买的欲望，或者仍有购买力，应及时地将信息反馈给相关销售负责人，以免造成客户流失。

4.5.4 整理汇总。

（1）客服人员应根据"客户满意度调查记录表"记录的回访过程和结果，按发现的问题类型进行分类整理、统计、汇总和评价，形成"客户满意度调查报告"，上报至主管领导。

（2）主管领导对"客户满意度调查记录表""客户满意度调查报告"进行审查，并提出指导意见。

4.5.5 客户意见/建议改善。对客户不满意的问题或急需改进的环节，售后客服部应分配相关部门制订纠正预防措施，并监督措施实施情况及效果。

4.5.6 客户意见/建议改善回复。客服人员将相关部门制订的纠正与预防措施回复给顾客，并跟踪顾客确认结果；不能通过电话回访解决的问题必要时安排技术人员进行现场解决，直到顾客的不满意问题消除为止。

4.5.7 资料归档。完成后的客户满意度调查记录表、调查报告、信息反馈单、纠正预防实施资料由客服人员收集整理后，进行汇总归档，并按照客户分类后建立客户档案，以备查阅。

| 拟定 | | 审核 | | 审批 | |

第三节 客户满意度管理表格

一、客户满意度调查计划

客户满意度调查计划

部门： 编号：

序号	客户名称	回访方式	回访目的	回访主题	计划时间
1		□电话 □调查问卷			

续表

序号	客户名称	回访方式	回访目的	回访主题	计划时间
2		□电话 □调查问卷			
3		□电话 □调查问卷			
4		□电话 □调查问卷			
5		□电话 □调查问卷			
6		□电话 □调查问卷			
…		□电话 □调查问卷			

编制人：　　　　　　　　　　　　　　部门主管：

二、客户满意度调查记录表

客户满意度调查记录表

客户名称		地址			
被访人		职务		电话	
E-mail			类别	□使用人员　□管理人员	
回访方式	□电话回访　□调查问卷　□现场回访　□其他				
回访时间	＿＿＿＿年＿＿月＿＿日		产品购买时间	＿＿＿＿年＿＿月＿＿日	
回访内容	（1）产品使用情况；（2）产品问题反馈；（3）公司服务响应情况；（4）其他需求				
客户满意度调查内容记录	（开场白:您好,打扰了,请问是×先生/女士吗? 我是××公司的客户满意度调查人员,感谢您对我们公司的信任和支持,可以打扰您几分钟问您几个问题吗? 注：以下问题可根据客户自行添加。） **一、对公司提供的产品的评价** 1. 请您对我公司为您提供的产品情况进行评价： 　A. 很满意　　B. 较满意　　C. 一般　　D. 不满意 2. 在什么样的环境和场所使用? 是谁在使用? 所在城市在哪里? 3. 每天使用时间大概是多久? **二、对公司服务响应情况和评价** 1. 请您对我公司客服、销售人员的服务态度进行评价： 　A. 很好，热情、周到、耐心　　B. 较好，较有耐心　　C. 差，没有耐心，态度恶劣 2. 请您好对我公司客户服务的响应速度满意度进行评价： 　A. 很满意　　B. 较满意　　C. 一般　　D. 不满意 3. 您对于我们服务的整体满意度： 　A. 很满意　　B. 较满意　　C. 一般　　D. 不满意				

111

续表

客户满意度调查内容记录	三、意见和建议 您认为我公司在产品、服务哪些方面需改进或者有什么要求，请提出您的宝贵意见： （非常感谢您的合作，如果您在使用中有什么问题，请随时和我们联系，我们将为您提供最好的服务。）				
处理方式及结果	电话或现场答复记录：				
遗留问题处理跟踪	遗留问题： 解决结果跟踪： 提交日期： 　　　　　　　 受理部门：				
客户意见	（现场回访需填写） 客户确认（盖章）： 　　　　　　　 日期：				
回访记录人员		填写日期		主管领导审批	日期

三、顾客满意程度调查表

顾客满意程度调查表

亲爱的顾客：
　　对于您的支持，不胜感激，想耽误您几分钟时间，回答下列问题，让我们了解您的期望，并妥善处理您的回复。

一、请就下列各项因素，说说您对本公司的满意程度如何（请用打√方式）：

项目	标准分	满意程度	实得分
1.现场管理	15	1.□满意　2.□尚可　3.□不满意	
2.服务质量	15	1.□满意　2.□尚可　3.□不满意	
3.价格	15	1.□满意　2.□尚可　3.□不满意	
4.作业管理	10	1.□满意　2.□尚可　3.□不满意	
5.接洽人员的专业知识	15	1.□满意　2.□尚可　3.□不满意	
6.信息处理及时性	10	1.□满意　2.□尚可　3.□不满意	
7.整体服务满意程度	20	1.□满意　2.□尚可　3.□不满意	
合计	100		

注：1.□满意，85%以上；2.□尚可，60%以上；3.□不满意，60%以下。

112

续表

二、目前贵公司行销区域为：
三、本公司尚需改进事项为：
祝： 　　　　　　　　　　　　　　　　　请发邮件 　　　　　　　　　　　　　　　　　或寄到：

顾客名称（盖章）：
填表人：

四、客户满意度调查问卷

客户满意度调查问卷

　　说明：客户满意度调查是用来测量一家企业或一个行业在满足或超过客户购买产品的期望方面所达到的程度。通过客户满意度调查，可以找出那些与顾客满意或不满意直接有关的关键因素，根据顾客对这些因素的看法而测量出统计数据，进而得到综合的顾客满意度指标。本客户满意度调查问卷适用于一般企业的客户满意度调查，内容涵盖常用的一些客户满意度考核指标，主要包括产品品质、产品价格、促销与推广、服务、综合评价等五部分内容。

尊敬的客户：
　　您好！
　　首先，非常感谢您选择了本公司的产品！
　　为了不断提高产品品质以及服务质量，本公司特进行此项客户满意度调查。期盼您在百忙之中给予我们客观的评价，并提出宝贵意见和建议，您的评价和建议是我们奋进的动力，我们将秉承"客户至上"的服务理念，虚心听取并及时改进，为您提供更好的服务。
　　感谢您的配合与支持！

　　　　　　　　　　　　　　　　　　　　　　　　　　　×××有限公司（市场部）
　　　　　　　　　　　　　　　　　　　　　　　　　　　日期：

个人信息	客户姓名		公司名称	
	办公电话		网站	
	手机		电子邮箱	
	地址及邮编			
	购买的产品型号			

项目	评价内容	满意度评价	不满意或评价低，请说明原因
产品品质与价格	产品的功能	□非常满意　□满意　□一般 □不满意　□非常不满意	

续表

项目	评价内容	满意度评价	不满意或评价低,请说明原因
产品品质与价格	产品稳定性、兼容性	□非常满意 □满意 □一般 □不满意 □非常不满意	
	产品的包装以及外观造型	□非常满意 □满意 □一般 □不满意 □非常不满意	
	产品的价格	□非常满意 □满意 □一般 □不满意 □非常不满意	
	产品质量与同行业同类产品比较	□非常满意 □满意 □一般 □不满意 □非常不满意	
	产品性价比与同行业同类产品比较	□非常满意 □满意 □一般 □不满意 □非常不满意	
促销与推广	市场人员专业素质	□非常满意 □满意 □一般 □不满意 □非常不满意	
	广告宣传内容	□非常满意 □满意 □一般 □不满意 □非常不满意	
	广告宣传方式	□非常满意 □满意 □一般 □不满意 □非常不满意	
	产品促销活动	□非常满意 □满意 □一般 □不满意 □非常不满意	
	促销政策	□非常满意 □满意 □一般 □不满意 □非常不满意	
	公司的品牌形象	□非常满意 □满意 □一般 □不满意 □非常不满意	
服务	1. 售前服务(热线服务)		
	热线服务时间	□非常满意 □满意 □一般 □不满意 □非常不满意	
	服务热线接通	□非常满意 □满意 □一般 □不满意 □非常不满意	
	服务人员的服务态度	□非常满意 □满意 □一般 □不满意 □非常不满意	
	服务人员的责任心	□非常满意 □满意 □一般 □不满意 □非常不满意	
	服务人员专业水平	□非常满意 □满意 □一般 □不满意 □非常不满意	
	解决问题回复及时率	□非常满意 □满意 □一般 □不满意 □非常不满意	
	2. 售后服务(维修服务)		
	售后服务流程	□非常满意 □满意 □一般 □不满意 □非常不满意	

续表

项目	评价内容	满意度评价	不满意或评价低，请说明原因
服务	维修品的修复质量	□非常满意 □满意 □一般 □不满意 □非常不满意	
	维修产品的及时率	□非常满意 □满意 □一般 □不满意 □非常不满意	
	维修工程师服务态度	□非常满意 □满意 □一般 □不满意 □非常不满意	
	3.渠道商服务（分销商、代理商等）		
	服务网点数量	□非常满意 □满意 □一般 □不满意 □非常不满意	
	服务流程	□非常满意 □满意 □一般 □不满意 □非常不满意	
	服务态度	□非常满意 □满意 □一般 □不满意 □非常不满意	
	服务人员专业水平	□非常满意 □满意 □一般 □不满意 □非常不满意	
	处理问题及时率	□非常满意 □满意 □一般 □不满意 □非常不满意	
综合评价	您选择本公司产品最看重的是	□企业宣传 □企业信誉 □企业实力 □产品品质 □售后服务 □其他：	
	您是如何知道本公司产品的	□广告 □朋友介绍 □渠道商 □市场/商场 □其他途径：	
	您是否愿意再次购买本公司产品	□愿意 □不愿意，原因：	
	您是否愿意将本公司产品介绍给您的朋友	□愿意 □不愿意，原因：	
	对产品、服务的其他意见或建议	提示：产品品质、产品价格、促销与推广、服务	

再次感谢您在百忙之中填写完本份问卷！祝您工作顺利！

五、客户满意度调查问卷（软件和技术服务行业）

客户满意度调查问卷（软件和技术服务行业）

尊敬的用户：

　　您好，为促进我们持续地优化和改进工作成效，现就我们为您提供的产品、服务以及对公司综合能力的感知情况，占用您一些宝贵的时间进行调研。我们会认真对待您所填写的每一项内容和意见建议，及时改进我们的工作，并做出令您满意的调整。同时我们也会严格遵守客户信息隐私保护规定，感谢您的参与和配合！

20××年客户满意度调查表
样式编号：
单位：　　　　　　　　　　　　部门： 电话：　　　　　　　　　　　　通信地址： E-mail：
用户签字：
备注：
客户隶属部门：　　　　　　　　　客户经理： 问卷发放人：　　　　　　　　　　问卷回收人： 发放日期：　　　　　　　　　　　回收日期：
第一部分：整体感知
1. 相比国内其他的同类软件开发和技术服务企业，您感知的公司整体实力在市场中的位置如何？ 　　非常低　　　　　　　　　　　　　　　　　　　　　　　　非常高 　　　　0　1　2　3　4　5　6　7　8　9　10 2. 相比地区其他的软件开发和技术服务企业，您感知的公司整体实力在市场中的位置如何？ 　　非常低　　　　　　　　　　　　　　　　　　　　　　　　非常高 　　　　0　1　2　3　4　5　6　7　8　9　10 3. 综合各种因素，您对公司整体满意程度如何？ 　　完全不满意　　　　　　　　　　　　　　　　　　　　　完全满意 　　　　0　1　2　3　4　5　6　7　8　9　10 4. 请您描述一下为什么对问题3给出这样的评价，请尽可能详细并希望提出改进建议，以便我们理解您的意思，及时针对意见制订改进措施： ＿＿＿。 5. 在您与公司开展合作时，您看重哪些因素？ 　　□企业品牌　□技术实力　□本地化　□规模　□服务能力　□资质证书　□其他 6. 今后您再次与公司合作意愿如何？ 　　不会合作　　　　　　　　　　　　　　　　　　　　　一定会合作 　　　　0　1　2　3　4　5　6　7　8　9　10 7. 如果其他单位有同样的需求，您是否会推荐公司？ 　　不推荐　　　　　　　　　　　　　　　　　　　　　　　　推荐 　　　　0　1　2　3　4　5　6　7　8　9　10

续表

第二部分：软件研发业务感知

请您对公司的软件产品（或定制开发软件）进行评价，如无接触，请跳至17题。

8. 请问您是从什么渠道找到我们合作软件产品（或定制开发软件）业务的？
□公司人员上门交流　□自行外界考察接触到公司　□同行业推荐　□报刊媒体
□上级主管机构下文要求　□其他

9. 您对我们提供的软件产品（或定制开发软件）的总体质量如何评价？
完全不满意　　　　　　　　　　　　　　　　　　　　　　　完全满意
　　　　　0　　1　　2　　3　　4　　5　　6　　7　　8　　9　　10

10. 您对我们提供的软件产品/项目交付及时性如何评价？
延期很严重　　　　　　　　　　　　　　　　　　　　　　　非常及时
　　　　　0　　1　　2　　3　　4　　5　　6　　7　　8　　9　　10

11. 您对我们提供的软件产品的界面美观性及操作方便性是否满意？
很不满意　　　　　　　　　　　　　　　　　　　　　　　　很满意
　　　　　0　　1　　2　　3　　4　　5　　6　　7　　8　　9　　10

12. 提供的软件产品是否可靠、稳定？
非常低　　　　　　　　　　　　　　　　　　　　　　　　　非常高
　　　　　0　　1　　2　　3　　4　　5　　6　　7　　8　　9　　10

13. 在产品实施和研发过程中，项目负责人是否能够听取您提出的合理化建议和及时沟通？
完全一意孤行　　　　　　　　　　　　　　　　　　　　　　及时研究讨论
　　　　　0　　1　　2　　3　　4　　5　　6　　7　　8　　9　　10

14. 产品验收交付过程中，您觉得流程的规范性如何？文档资料是否全面完备？
完全不满意　　　　　　　　　　　　　　　　　　　　　　　完全满意
　　　　　0　　1　　2　　3　　4　　5　　6　　7　　8　　9　　10

15. 您今后还会与公司在软件业务方面进一步合作吗？
完全不会　　　　　　　　　　　　　　　　　　　　　　　　肯定合作
　　　　　0　　1　　2　　3　　4　　5　　6　　7　　8　　9　　10

16. 您认为我们软件产品工作在以下哪些方面需要立即改进？
□前期需求了解不清晰　□技术研发能力有欠缺　□实施过程控制不足　□售后服务无法保障
□其他

第三部分：技术服务业务感知

请对公司的技术服务（或售后服务）进行评价，如无接触，请跳至27题。

17. 请问您是从什么渠道找到我们合作技术服务业务的？
□公司人员上门交流　□自行外界考察接触到公司　□同行业推荐　□报刊媒体
□上级主管机构下文要求　□其他

18. 您对我们提供的技术服务（或售后服务）的总体服务质量如何评价？
完全不满意　　　　　　　　　　　　　　　　　　　　　　　完全满意
　　　　　0　　1　　2　　3　　4　　5　　6　　7　　8　　9　　10

19. 您对我们受理服务的响应速度如何评价？
完全不满意　　　　　　　　　　　　　　　　　　　　　　　完全满意
　　　　　0　　1　　2　　3　　4　　5　　6　　7　　8　　9　　10

20. 如果对响应速度不满意，您认为主要是由哪些方面造成的？
□申告渠道不明确，一时找不到联系人　□公司受理后过程无联系，不知道什么时候得到回应
□对无法一时解决的问题，没有给予后期解决的时间　□异地提供服务的方式方法有缺陷
□其他

21. 如果不考虑是否当时完全解决问题，单从我们提供的服务能力方面，您是如何评价的？
完全不满意　　　　　　　　　　　　　　　　　　　　　　　完全满意
　　　　　0　　1　　2　　3　　4　　5　　6　　7　　8　　9　　10

22. 在我们提供的服务过程中，操作流程规范性如何？
完全无规范可言　　　　　　　　　　　　　　　　　　　　　规范性很强
　　　　　0　　1　　2　　3　　4　　5　　6　　7　　8　　9　　10

续表

23. 如果对操作流程规范性不满意，您认为主要是由以下哪些方面造成的？
□进出机房等现场没有穿戴相应工装　　□完全不遵守客户方的规定纪律
□事先没有进行必要的询问记录或备份，直接动手
□维护服务后没有留下任何资料，也无交代叮嘱
□事后没有收到任何调查或回访　　□其他

24. 您认为我们在提供服务后，文档资料移交的全面性和规范性如何？
　　　　完全不满意　　　　　　　　　　　　　　　　　　　　　　完全满意
　　　　　　　0　　1　　2　　3　　4　　5　　6　　7　　8　　9　　10

25. 您今后还会与公司在技术服务方面进一步合作吗？
　　　　完全不会　　　　　　　　　　　　　　　　　　　　　　　肯定合作
　　　　　　　0　　1　　2　　3　　4　　5　　6　　7　　8　　9　　10

26. 您认为我们的技术服务工作在以下哪些方面需要立即改进？
□不清楚公司能够提供什么服务产品和服务范畴　　□找不到得到服务的渠道和途径
□技术能力亟待提高　　□及时响应时间需要进一步快捷　　□服务规范性要加强
□没有得到事后或定期回访　　□其他

第四部分：客户抱怨及解决渠道

27. 如果您想要投诉时，主要从因为哪几方面导致您的不满意？
□产品质量　　□实施工期　　□服务保障　　□技术能力　　□报价　　□其他

28. 当您投诉时，是否有通畅的渠道？
　　　　找不到投诉渠道　　　　　　　　　　　　　　　　　　很容易找到投诉渠道
　　　　　　　0　　1　　2　　3　　4　　5　　6　　7　　8　　9　　10

29. 当您抱怨投诉后，是否得到了及时有效的反馈？
　　　　没有任何反馈　　　　　　　　　　　　　　　　　　　反馈很及时
　　　　　　　0　　1　　2　　3　　4　　5　　6　　7　　8　　9　　10

30. 您是否得到我们的人员的拜访（项目经理、售前工程师、客户经理等）？
　　　　几乎见不到　　　　　　　　　　　　　　　　　　　　经常来拜访
　　　　　　　0　　1　　2　　3　　4　　5　　6　　7　　8　　9　　10

31. 您是否还有对我们其他的评价和想法需要补充？
_____。

再次对您的细心回复表示十分感谢！我们能够感受到，您对每个问题的回答，都是对我们工作深切的期望，也是我们对更高目标追求的鞭策和要求。我们会继续坚持"以客户为中心"的经营理念，携手推进信息化建设，为您创造价值，与您共同成长。

六、客户满意度调查问卷（外贸企业）

顾客满意度（CSI）

评价日期：　　　　　　　　　　　　　评价者：
公司名称：　　　　　　　　　　　　　地址：
客人姓名：　　　　　　　　　　　　　部门：
职位：　　　　　　　　　　　　　　　电话：
邮箱：
■关联产品：　　　■每月交货数：
■同类产品其他公司占有比率：
①_____　②_____　③_____　④_____　⑤_____

〈 产品品质 〉

1. 公司对最近数月的产品是否满意?

供应商	非常满意	满意	基本满意	一般满意	略有不满	不满意	非常不满	不知道
××公司	□□□□	□□□□	□□□□	□□□□	□□□□	□□□□	□□□□	□□□□

2. ××产品的优势是什么?
① 功能　② 外观　③ 在线不良率　④ 客户抱怨　⑤ 信赖性　⑥ 不良再发率
3. ××产品的不足是什么?
① 功能　② 外观　③ 在线不良率　④ 客户抱怨　⑤ 信赖性　⑥ 不良再发率
4. ××产品是否满足环保要求?
① 满足　② 不满足

〈 设计品质 〉

1. 贵公司最近数月是否开发新的制品?
　　□有　　　□有
2. 贵公司对制品的设计／开发品质是否满意?

供应商	非常满意	满意	基本满意	一般满意	略有不满	不满意	非常不满	不知道
××公司	□□□□	□□□□	□□□□	□□□□	□□□□	□□□□	□□□□	□□□□

3. ××公司制品的设计优势是什么?
① 技术能力　② 对应力　③ 样品品质　④ 设计变更要求对应力　⑤ 新品品质
4. ××公司的制品设计／开发方面有哪些不足?
① 技术能力　② 对应力　③ 样品品质　④ 设计变更要求对应力　⑤ 新品品质

〈 价格评价 〉

1. 贵公司对最近数月产品的价格是否满意?

供应商	非常满意	满意	基本满意	一般满意	略有不满	不满意	非常不满	不知道
××公司	□□□□	□□□□	□□□□	□□□□	□□□□	□□□□	□□□□	□□□□

2. ××公司的产品价格方面有哪些不足?

〈 交货期评价 〉

1. 贵公司对最近数月产品的交货期是否满意?

供应商	非常满意	满意	基本满意	一般满意	略有不满	不满意	非常不满	不知道
××公司	□□□□	□□□□	□□□□	□□□□	□□□□	□□□□	□□□□	□□□□

2. ××公司制品的交货期方面有什么优势？
① 交货期的遵守　② 紧急交货期时的对应　③ 业务态度　④ 产品品目、送货单与成绩书的一致性

3. ××公司制品的交货期方面有哪些不足？
① 交货期的遵守　② 紧急交货期时的对应　③ 业务态度　④ 产品品目、送货单与成绩书的一致性

〈 服务质量 〉

1. 最近数月是否发生品质问题？
　　□有（1次）　　□没有
☞ 是什么

☞ 品质问题发生时是否采取临时措施？
　　□有　　□没有
☞ 问题全部解决了吗？
　　□解决了　　□进行中　　□没有解决

2. 贵公司对最近数月的品质是否满意？

供应商	非常满意	满意	基本满意	一般满意	略有不满	不满意	非常不满	不知道
××公司	□□□□	□□□□	□□□□	□□□□	□□□□	□□□□	□□□□	□□□□

3. ××公司品质方面有什么优势？
① 与管理者沟通通畅程度　② 发生紧急问题的对应能力　③ 对改善进展事项的情报提供
④ 问题的根本改善程度

4. ××公司品质方面有什么不足？
① 与管理者沟通通畅程度　② 发生紧急问题的对应能力　③ 对改善进展事项的情报提供
④ 问题的根本改善程度

〈 绿色产品评价 〉

1. 环境检测报告是否及时？
　　□是　　□否
2. 贵公司对××环境测试设备是否满意？
　　□满意　　□不满意
3. 贵公司对××产品环境有害物质的管理体系是否满意？

供应商	非常满意	满意	基本满意	一般满意	略有不满	不满意	非常不满	不知道
××公司	□□□□	□□□□	□□□□	□□□□	□□□□	□□□□	□□□□	□□□□

4. 贵公司对 ×× 产品环保标记是否满意？
　　　□满意　　　□不满意
5. 贵公司对 ×× 公司配合绿色产品所有要求事项是否满意？
　　　□满意　　　□不满意
6. 贵公司对 ×× 公司产品环境有害物质异常的处理是否满意？
　　　□满意　　　□不满意
7. ×× 公司产品环境方面有什么不足？

〈 综合评价 〉

1. 贵公司对 ×× 产品的综合评价是否满意？

供应商	非常满意	满意	基本满意	一般满意	略有不满	不满意	非常不满	不知道
×× 公司	□ □ □ □ □	□ □ □ □ □	□ □ □ □ □	□ □ □ □ □	□ □ □ □ □	□ □ □ □ □	□ □ □ □ □	□ □ □ □ □

2. 贵公司对 ×× 公司有什么建议？

谢谢您！

七、客户满意度调查报告

客户满意度调查报告

部门：　　　　　　　　　　　　　　　　　　　　　　　日期：

回访时间		回访人员		回访对象		类别：□医用　□家用 　　　□军用　□经销商
回访目的		回访形式		□满意度调查 □常规回访 □投诉处理	回访结果	共回访＿＿个客户，其中采用电话回访＿＿个客户，调查问卷＿＿个客户，现场回访＿＿个客户，有效回复的＿＿个客户
回访主要客户群及内容						
客户主要意见	客户对产品的评价					
	客户对产品的期望					
	客户对服务的评价					
	客户对服务的期望					
改善客户服务对策						
回访中遇到的问题						
备注 / 说明						
主管领导审核意见						

八、顾客满意度分析报告

顾客满意度分析报告

调查方法：
本次调查采用的方法是向顾客发放满意度调查表，公司对客户进行调查，调查表反馈有效率100%
客户满意度调查表统计： 按照20××年度产品交付记录，共发出调查表____份，调查率为100%，收回____份，回收率占调查表的____%，调查数据有效 在所有调查表中，总体评价有____份客户满意度评定为很不满意
调查情况简介
顾客满意度是一种从客户角度对企业经营状况进行客观评价的一种手段，并一直作为判断一个企业是否具有竞争优势的一种度量方法，也被称作度量商业经济运行健康状况的晴雨表   为了抓住产品市场的脉搏，全方位地了解公司内部客户的满意度，测试公司潜在市场及目前该行业的市场动态，我公司从20××年9月起发起了这次面向公司各客户的调查问卷活动，具体调查工作由营销部负责。在调查数据收集上来后，我们对每一个数据的可靠性进行了分析，数据是比较可靠和稳定的
数据分析

我们将顾客满意度标准分为三级，即很满意、尚可、不满意。我们将根据客户的综合得分情况作出顾客满意度及市场需求方面的判断及分析
  1. 本次调查表的回收率在100%，客户的平均总评满意率达98%，从中可以看出各客户对我公司是满意的。
  2. 从数据来看，公司的产品质量及售后服务评价得分为很满意

调查总结
从整体来看，客户对我公司各方面的综合评价是满意的

编制		审批	
日期		日期	

九、客户信息反馈单

客户信息反馈单

编号：

客户名称：		订货时间：	
产品型号：		反馈日期：	
联系人：		联系电话：	

续表

<table>
<tr><td colspan="2">反馈类型：□产品质量　□售后服务　□物流配送　□建议　□其他</td></tr>
<tr><td rowspan="2">反馈信息</td><td>内容：</td></tr>
<tr><td>　　　　　　　　　　　　　　反馈人：　　　　　　日期：</td></tr>
<tr><td rowspan="6">处理方式及结果</td><td colspan="2">根据反馈的情况移交相关部门：</td></tr>
<tr><td colspan="2">　　　　　　　　　　　　　　　　　　　　移交日期：</td></tr>
<tr><td colspan="2">受理部门意见：
　　　　　　　　　　　　负责人：　　　　　日期：</td></tr>
<tr><td>原因分析：</td><td>改进措施：</td></tr>
<tr><td>最终处理结果（电话或书面告知客户）：</td><td>客户对处理结果的评价：

经手人：　　　　日期：</td></tr>
</table>

此文档交售后客服部备查。

第五章

客户投诉管理

第一节　客户投诉管理要点

客户投诉是指客户因对企业产品质量或服务上的不满意，而提出的书面或口头上的异议、抗议、索赔和要求解决问题等行为。客户投诉是消费者针对商家的产品质量、服务态度等方面的问题，向商家主管部门反映情况，并要求得到相应的补偿的一种手段。

一、客户投诉的分类

（1）按投诉的严重程度，可分为一般投诉和严重投诉。
（2）按投诉的原因，可分为产品质量投诉、服务投诉、价格投诉、诚信投诉、意外事故投诉（在企业经营范围或场所）。
（3）按投诉的行为，可分为消极抱怨型投诉、负面宣传型投诉、愤怒发泄型投诉、极端激进型投诉。
（4）按投诉的目的，可分为建议性投诉、批评性投诉、控告性投诉、索取性投诉。
（5）按投诉者的心理，可分为发泄心理、尊重心理、补救心理、认同心理、表现心理、报复心理。

二、规范客诉处理的流程

一般情况下，客户投诉处理流程包括以下几个步骤，如下图所示。

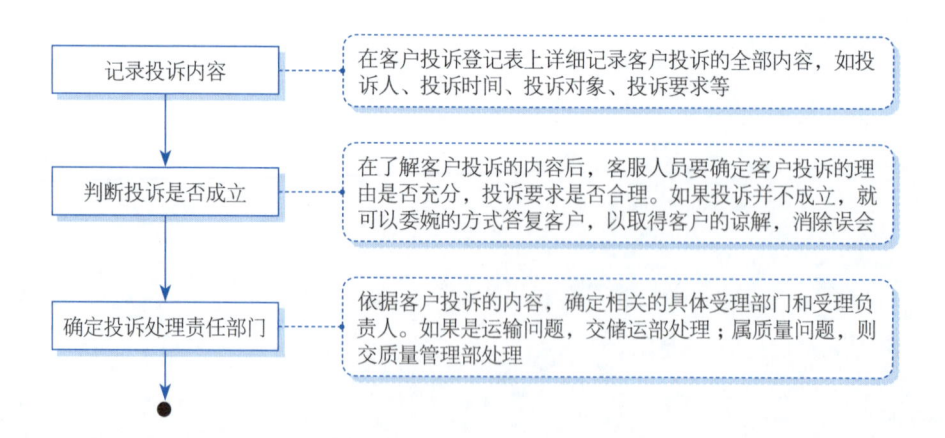

记录投诉内容	在客户投诉登记表上详细记录客户投诉的全部内容，如投诉人、投诉时间、投诉对象、投诉要求等
判断投诉是否成立	在了解客户投诉的内容后，客服人员要确定客户投诉的理由是否充分，投诉要求是否合理。如果投诉并不成立，就可以委婉的方式答复客户，以取得客户的谅解，消除误会
确定投诉处理责任部门	依据客户投诉的内容，确定相关的具体受理部门和受理负责人。如果是运输问题，交储运部处理；属质量问题，则交质量管理部处理

```
责任部门分析投诉原因 → 查明客户投诉的具体原因及造成客户投诉的具体责任人

公平提出处理方案 → 依据实际情况，参照客户的投诉要求，提出解决投诉的具体方案，如退货、换货、维修、折价、赔偿等

提交主管领导批示 → 针对客户投诉问题，主管领导应对投诉的处理方案一一过目，并及时作出批示。根据实际情况，采取一切可能的措施，尽力地挽回已经出现的损失

实施处理方案 → 将处理方案及时通知客户，并尽快收集客户的反馈意见。对直接责任者和部门主管要根据有关规定作出处罚，依照投诉所造成的损失大小，扣罚责任人一定比例的绩效工资或资金。对不及时处理问题而造成延误的责任人也要追究相关责任

总结评价 → 对投诉处理过程进行总结与综合评价，吸取经验教训，并提出改善对策，从而不断地完善企业的经营管理和业务运作，提高客户服务质量和服务水平，降低投诉率
```

客户投诉处理流程

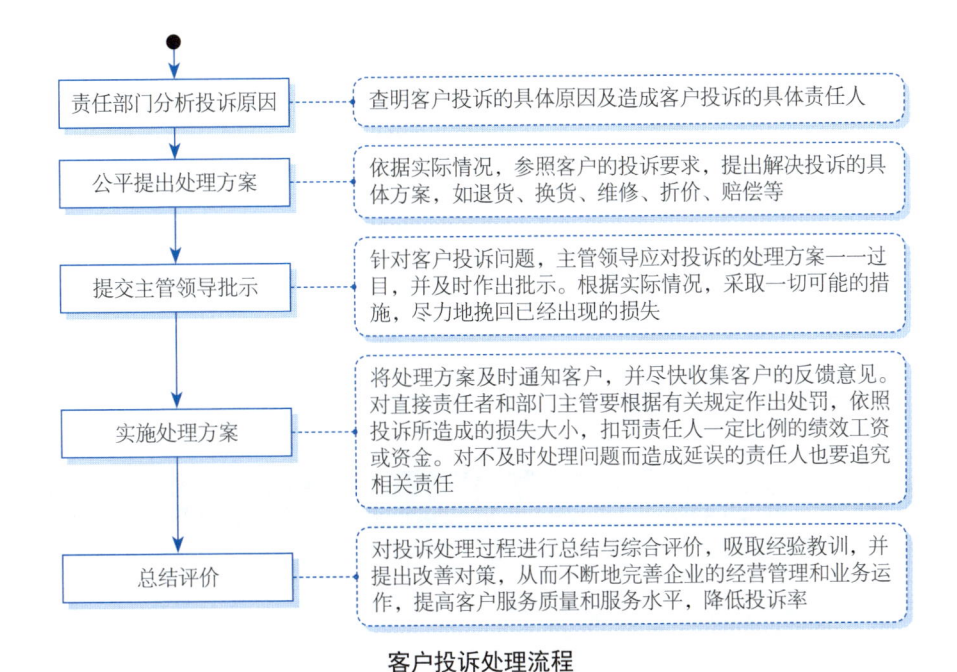

三、处理客户投诉的基本原则

1. 正确的服务理念

企业需要不断地提高全体员工的素质和业务能力，树立全心全意为顾客服务的思想。客服人员面对带有不满情绪的投诉客户一定要注意克制自己，避免感情用事，始终牢记自己代表的是公司的整体形象。

2. 有章可循

企业要有专门的制度和人员来管理顾客投诉问题，使各种情况的处理有章可循，保持服务的统一、规范，另外要做好各种预防工作，防患于未然。

3. 及时处理

客服人员在处理投诉时切记不要拖延时间，推卸责任，各部门应通力合作，迅速作出反应，向顾客"稳重+清楚"地说明事情的缘由，并力争在最短的时间里全面解决问题，给顾客一个圆满的结果。拖延或推卸责任，只会进一步激怒投诉者，使事情进一步复杂化。

4. 分清责任

企业不仅要分清造成顾客投诉的责任部门和责任人，而且需要明确处理投诉的各部门、各类人员的具体责任与权限以及顾客投诉得不到及时圆满解决的责任。

5. 留档分析

对每一起顾客投诉及其处理，客服人员都要做好详细的记录，包括投诉内容、处理过程、处理结果、顾客满意程度等。通过记录，使企业管理者吸取教训，总结经验，为以后更好地处理好顾客投诉提供参考。

第二节 客户投诉管理制度

一、客户投诉分级管理办法

标准文件		客户投诉分级管理办法	文件编号	
版次	A/0		页次	

1. 目的

为规范客户投诉／需求的定义、分类及统计分析工作，强调以客户为中心，通过科学、系统的投诉／需求统计分析，达到完善服务内容、服务质量预警作用，实现客户满意度提升，切实提高公司内部质量管理水平及产品质量，特制定本办法。

2. 权责

销售部门为直接对口客户部门，负责客户的沟通、外部资源协调工作；质量管理部为集团内部售后质量问题处理组织部门，负责内部沟通、内部资源协调、监督方案落实等工作。

3. 管理规定

3.1 客户投诉／需求的定义

3.1.1 客户投诉：是客户针对公司的产品质量、服务态度等方面的问题，向公司反映情况，并要求得到相应的补偿的一种手段。

3.1.2 客户需求：是客户对公司非产品质量问题、非服务原因以及非合同承诺的一种额外需求或因误会公司存在问题而提出的需求。

3.2 客户投诉／需求具体内容

3.2.1 客户有效投诉：是指由于产品质量、服务质量、服务过程等公司未实现承诺，造成客户向公司提出不满意的表示。

3.2.2 客户需求投诉：是指客户针对公司各项服务（基础服务、特约服务）所提出的咨询、需求及建议，以及由于非公司因素引发的客户不满（包括无效投诉、非正当客户需求、开发板块相关需求）。

（1）求助型：客户有困难或问题需给予帮助解决的。

（2）咨询型：客户有问题或建议向公司联络的。

（3）发泄型：客户因受委屈或误会等造成内心不满，要求问题得到解决的。

3.3 有效投诉的处理分类

3.3.1 对于客户的有效投诉，可根据以下几个方面来分类处理：

（1）客户投诉涉及的组件价值、更正需要付出的费用及商务支出等处理总费用。

（2）客户投诉涉及的组件数量及质量缺陷程度。

（3）客户投诉是否会引起重大影响或引发法律诉讼。

（4）客户投诉重复发生累积影响到的费用或数量达到（1）（2）其中一项条件。

（5）客户投诉可能引发群体性的投诉。

（6）客户投诉存在重大安全隐患。

（7）客户投诉潜在地对公司形象产生重大影响或经媒体曝光，对公司品牌产生重大影响的。

（8）其他可能产生重大影响的投诉。

备注：缺陷程度分为三级，一级为需要完全更换组件；二级为需要更换部分器件或选择性更换部分组件（非标签）；三级为辅助器件更换涉及价值较低（如标签）。

3.3.2 分类内容，如下表所示。

客户投诉处理分级表

级别	需参与部门、人员	投诉影响内容 （满足其中一项即定义为相应等级）
一级	（1）总经理 （2）主管销售、质量、技术、生产副总 （3）生产运营、技术、研发、投资发展、宣传、销售、供应、会计、设备、公共检测、质量、法律等部门总监、部门经理（主管副经理）及相关负责人	（1）处理总费用超过500万元 （2）涉及组件数量超过1MW、缺陷类型一级 （3）引起重大影响或引发法律诉讼 （4）重复发生累积费用或数量达到上述（1）（2）条件的 （5）存在重大安全隐患 （6）其他可能产生重大影响的投诉（由销售总公司、技术、质量管理部门分析确定影响程度）

续表

级别	需参与部门、人员	投诉影响内容（满足其中一项即定义为相应等级）
二级	（1）主管销售、质量、技术、生产副总 （2）生产运营、技术、研发、投资发展、宣传、销售、供应、会计、设备、公共检测、质量、法律等部门总监、部门经理（主管副经理）及相关负责人	（1）处理总费用超过 100 万元 （2）涉及组件数量超过 0.5MW、缺陷类型一级 （3）重复发生累积费用或数量达到上述（1）（2）条件的 （4）分析会引发群体性投诉的 （5）潜在地对公司形象产生重大影响或经媒体曝光的投诉 （6）其他可能产生重大影响的投诉（由销售、技术、质量管理部门分析确定影响程度）
三级	生产运营、技术、研发、销售、设备、公共检测、质量等部门总监、部门经理（主管副经理）及相关负责人	（1）处理总费用超过 10 万元 （2）涉及组件数量超过 0.2MW、缺陷类型一、二级 （3）重复发生累积费用或数量达到上述（1）（2）条件的 （4）其他可能产生重大影响的投诉（由销售部门、技术、质量管理部门分析确定影响程度）
四级	生产运营、技术、研发、销售、设备、公共检测、质量等部门相关负责人	（1）处理总费用超过 1 万元 （2）涉及组件数量超过 0.02MW、缺陷类型一、二级 （3）重复发生累积费用或数量达到上述（1）（2）条件的
五级	生产运营、技术、销售、质量等部门相关负责人	（1）处理总费用低于 1 万元 （2）涉及组件数量少于 0.02MW、缺陷类型一、二、三级

3.4 需求投诉的处理分类

对于客户的需求投诉，可以根据以下几个方面来分类处理：

3.4.1 销售部门业务员可以直接解释说明的非技术文件、说明。

3.4.2 技术部门可以出具的技术文件、说明。

3.4.3 需要销售、技术、质量管理部门共同讨论、编制的技术文件或说明。

3.5 客户投诉/需求的处理

业务员或技术营销部接到客户投诉后，根据上述要求进行分类处理，销售总公司能够内部处理的处理完毕后必须做好相应处理记录；当销售总公司内部不能处理时，及时通报质量管理部并提供详细的客户投诉信息及需求内容，由质量管理部按相关级别组织相关部门进行讨论并制订方案予以落实。

拟定		审核		审批	

二、客户抱怨与投诉处理规范

标准文件		客户抱怨与投诉处理规范	文件编号	
版次	A/0		页次	

1. 目的
为了迅速处理客户投诉案件，促进产品质量改善，完善售后服务，维护公司信誉，特制定本管理规范。

2. 适用范围
2.1 凡客户对产品或技术服务有不满和抱怨，以书面或口头等不同形式向公司申诉时，依本管理制度的规定处理。

2.2 本规范包含客户投诉处理流程、客户投诉分类、客户投诉表单编号原则、客户投诉的调查处理、追踪改善、成品退货、处理期限、核决权限及处理逾期反应等项目。

3. 客户投诉处理流程

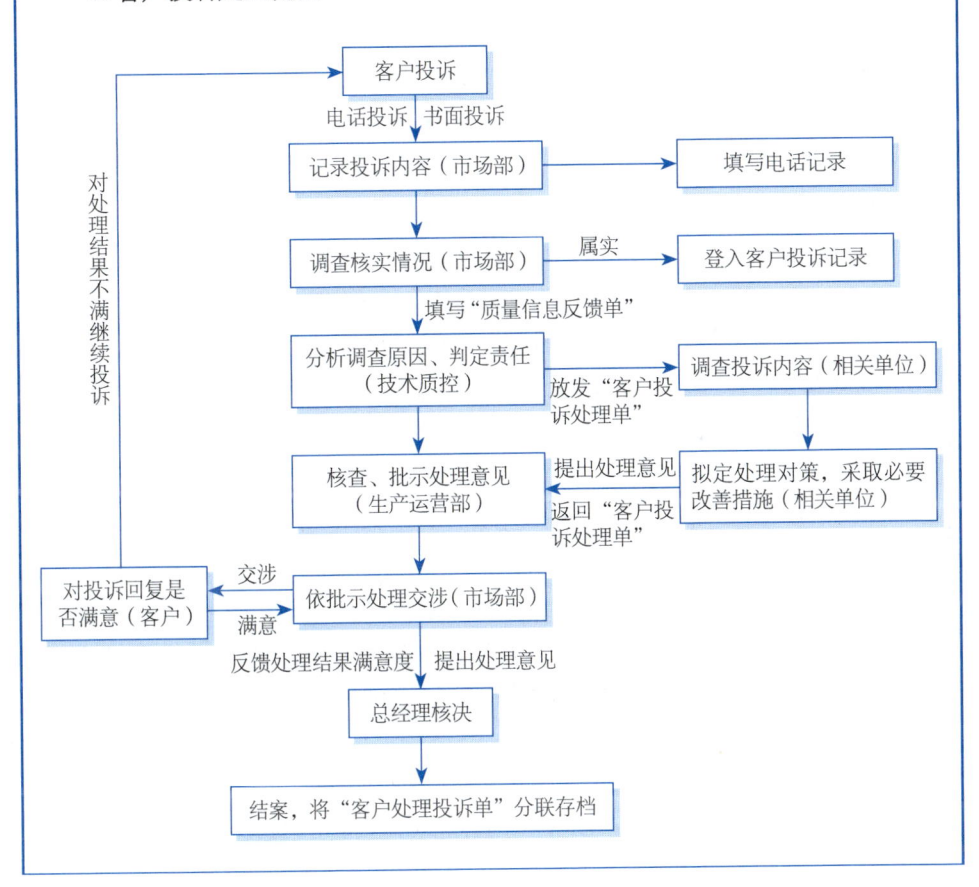

```
                        客户投诉
                    电话投诉 │ 书面投诉
                    记录投诉内容（市场部）──────→ 填写电话记录
                           │
                    调查核实情况（市场部）──属实──→ 登入客户投诉记录
                           │ 填写"质量信息反馈单"
                    分析调查原因、判定责任      调查投诉内容（相关单位）
                       （技术质控）   放发"客户投诉处理单"  │
                           │                              ↓
                    核查、批示处理意见  提出处理意见  拟定处理对策，采取必要
                       （生产运营部）  返回"客户投诉处理单"  改善措施（相关单位）
                           │
      对投诉回复是   交涉   依批示处理交涉（市场部）
      否满意（客户）─满意─
             │     反馈处理结果满意度 │ 提出处理意见
    对处理结果               总经理核决
    不满继续投诉                 │
                         结案，将"客户处理投诉单"分联存档
```

131

4. 客户投诉分类

4.1 一般性投诉

4.1.1 建议类投诉，客户对产品或产品服务提出改进或要求。

4.1.2 误会性投诉，属于客户自身问题或误解发生的投诉。

4.1.3 非产品质量异常客户投诉，没有给投诉方造成经济损失，可取得谅解的。

4.1.4 产品有不影响使用的小瑕疵，可取得投诉方谅解的，未造成重大损失，未影响公司声誉的。

4.2 严重性投诉

4.2.1 客户投诉涉及危害生产安全及人身安全性质的。

4.2.2 客户投诉涉及媒体、律师、消费者协会和政府机关等方面，损害公司声誉的。

4.2.3 客户投诉索赔金额较大的。

4.2.4 其他严重损害公司利益或声誉的。

5. 投诉调查与处理

5.1 各部门职责

5.1.1 市场部。

（1）确认企业基本信息，投诉产品的合同内容、订单编号、销售员、数量和交运日期。

（2）了解客户投诉的要求及对客户投诉理由的有效性进行确认。

（3）安抚客户并协助客户解决问题或提供必要的帮助。

（4）填写"客户投诉处理单"，并迅速传达投诉信息与处理结果。

（5）建立客户投诉记录，每月汇总上报客户投诉情况。

（6）依据生产部核决批示的处理意见，与投诉客户交涉，并及时地反馈交涉结果及客户满意度。

5.1.2 技术部。

（1）调查投诉问题发生的原因，出具投诉处理意见报告。

（2）针对投诉问题提出改善对策。

5.1.3 质控部。

（1）检验确认客户所投诉产品的质量，调查投诉案件。

（2）对责任部门问题处理及改善措施进行检查、督促执行和效果确认。

5.1.4 生产运营部。

（1）对处理方式进行核查、批示，并判定责任归属。

（2）协助有关部门与客户接洽，调查及妥善处理客户投诉。

5.1.5 生产车间。

（1）有义务无条件地配合有关部门对客户投诉案件的调查处理。

（2）详细调查客户投诉内容，并拟定处理对策及执行检查。

（3）提报被投诉产品的生产单位、机台班次、生产人员、生产日期等其他生产信息。

（4）在"客户投诉处理单"中填写客户投诉内容的调查、处理情况。

（5）负责客户投诉改善措施的执行及情况汇报，拟定责任人员及处理意见。

5.2 "客户投诉处理单"编号原则

"客户投诉处理单"编号原则为：××年度+××月份+流水编号；以年度月份作为编号周期。

5.3 客户投诉的管理细则

5.3.1 客户投诉电话。

（1）投诉电话由市场部门负责。

（2）投诉电话作为专线电话，保证畅通。

（3）投诉电话由专人值班，值班期间不得擅自离岗。

（4）接听投诉电话时，态度良好并使用规范用语，严禁与客户发生争执。

（5）电话值班人一定要坚持原则，做好对客户的安抚工作，遇特殊情况，如客户恶意投诉或无理纠缠影响投诉热线畅通时，需及时地转告主管或部门领导，妥善处理。

（6）详细记录客户信息并认真填写"客户投诉处理单"，及时地上交主管。

（7）每日统计当天投诉电话，汇总、统计后交主管。

（8）值班人员必须如实、完整地记录投诉次数、投诉内容，保证第一手资料的正确性、完整性，杜绝任何漏记、隐瞒或不实的投诉记录。

（9）值班人员必须加强保密观念，不得在任何时间、任何地点泄漏投诉电话内容，否则，将受到纪律处分。

5.3.2 客户投诉调查及处理。

（1）业务人员接到客户投诉时，首先应确认客户的基本信息（名称、地址、电话、联系人）、有效合同批号、合同销售员、货物出库日期等，然后了解客户投诉要求，确认客户投诉理由，协助解决客户困难或提供建议与帮助，最后，填写"客户投诉处理单"书面传达给生产运营部，并把投诉内容登入客户投诉记录。同时要注意对以下几种投诉的处理：

①建议性投诉，该类投诉由接受者录入"客户投诉处理单"，并向有关领导汇报、请示。需要回复的，要给客户承诺一定回复期限，待领导作出批示后向客户答复建议被采用情况。

②误会性投诉，属于客户自身问题或误解引起投诉的，应做好对客户的解释工作，消除误会。

③客户投诉仅仅针对产品质量而要求退（换）货的，应详细了解客户对产品质量问题的反映，并详细记录，安排相关部门派人上门确认情况，采取相应的措施。

④客户投诉案件若需会勘者，市场部在填写"客户投诉处理单"前应明确客户需求、确保处理时效，必要时市场部门销售经理应会同被投诉单位（部门）主管共同前往处理，若市场部门销售经理无法及时前往时，可指派有关销售人员代替，有关销售人员处理后向部门经理报告。

⑤客户投诉属于严重性投诉的，应立即上报市场部销售经理，由市场部领导安排有关人员及时前往处理，并将处理情况及时向总经理室报告。

⑥客户投诉不成立时，由业务人员填写"客户投诉处理单"，处理意见写明"该投诉不成立"报部门主管。如客户有异议时，再填写一份新投诉单附原"客户投诉处理单"呈报主管处理。

（2）生产运营部接到市场部的"客户投诉处理单"，审核确认后将其下发到技术部与质控部门追查分析原因及判定责任归属部门。

（3）技术部与质控部分析原因给出意见后，把"客户投诉处理单"送生产制造部门分析异常原因并拟定处理对策。

（4）生产制造部门调查投诉内容、分析产生原因，同时提出处理对策，填入"客户投诉处理单"后送回生产运营部批示、核查。

（5）依据"客户投诉处理单"拟定处理意见，生产部综合技术、质控、生产意见，依照核决权限核决，最后送到市场部依批示处理。

（6）市场部收到生产部送回的"客户投诉处理单"后，应立即按核决后的"客户投诉处理单"处理意见向客户说明、交涉，并将处理结果填入表中，呈主管核阅后送回生产运营部。

（7）"客户投诉处理单"的处理结论若客户未能接受时，业务人员应再填写一份新的"客户投诉处理单"，附原投诉单一并呈报按流程重新处理。

（8）生产运营部接到市场部填写交涉结果的"客户投诉处理单"后，应于1日内就市场部与责任生产部门的意见加以分析给出综合意见，依据核决权限送总经理核决结案。

（9）经核签结案的"客户投诉处理单"第一联交质量管理部门留存，第二联交责任部门留存，第三联交市场部留存，第四联交生产运营部留存。

（10）市场部及被投诉部门不得超越权限与客户做任何处理的答复协议或承认。对"客户投诉处理单"的答复等批示事项，由市场部以书面或电话形式转答客户，不得将"客户投诉处理单"复印送给客户。

（11）技术部与质控部领导根据客户投诉案件的实际处理情况，提出改善方案，要求责任部门采取必要的措施，并在3日内以书面方式反馈具体改善对策措施，并监督执行情况，验证措施执行效果。

（12）市场部业务人员建立客户投诉记录，每月汇总客户投诉情况，同时汇总客户对投诉调查处理过程的反馈意见，以报有关部门追踪改善。

（13）生产部负责每月10日前汇总上月结案的投诉案件传达给部门主管，并会同生产车间、技术部、质控部及有关部门主管，通报投诉比率，判定责任归属确认，检查客户投诉项目改善处理结果。

（14）被投诉部门必须认真配合调查处理客户投诉，在处理时效内反馈调查、处理情况。

（15）各部门对客户投诉处理有异议时须以书面形式呈报总经理室处理。

（16）客户投诉内容若涉及供货商责任时，由总经理室会同采购、技术、质控等部门共同处理。

5.3.3 客户投诉案件处理期限。

（1）客户投诉处理期限，一般性投诉自受理起一周内结案，严重性投诉自受理起两周内结案，特殊投诉案件视具体情况而定。

（2）被投诉部门对客户投诉处理作业流程的处理期限为3个工作日，改善方案响应期限为3个工作日，特殊情况申报总经理与市场部视投诉内容协商决定。

（3）一般情况市场部业务人员必须在1周内上报投诉处理交涉结果，特殊情况报部门领导。

（4）被投诉部门收到改善方案后，必须在3个工作日内书面反馈改进措施和改善方案的具体落实情况，定期汇报执行情况，接受上级部门的监督和验证。

5.3.4 客户投诉责任部门、人员处分。

（1）对客户投诉责任部门的处分。客户投诉一经核实，由投诉责任方承担全部责任，如涉及多个投诉责任方，则按责任大小分担。同时，客户投诉作为部门考核的重要项目，对于确认的投诉案件，按情节严重程度扣罚责任方当月考核分，并影响年终奖考核及优秀部门的评定。

（2）对客户投诉责任人员的处分。一般情况下，责任部门根据《公司绩效考核规定》处罚责任人员，以责任补偿为主，最高扣罚金额为个人当月工资总数，并影响年终考核。特殊情况下，由责任部门领导报告主管厂长讨论决定。

5.4 处理时效逾期的反应

市场部在客户投诉案件处理过程中，对逾期案件应开立"催办单"催促有关部门处理。对于已结案的案件，应查核各部门处理时效，对于处理时效逾期案件，需在"客户投诉处理单"上注明并报部门领导追查逾期原因。若属故意拖延性质严重的，可处以××～××元的罚款。

拟定		审核		审批	

三、集团客户投诉处理管理制度

标准文件		集团客户投诉处理管理制度	文件编号	
版次	A/0		页次	

1. 目的

为了维护企业形象及提高企业美誉度，使客户投诉处理流程更加顺畅，确保及时、准确地完成客户投诉处理，提高产品及服务质量，特制定本制度。

2. 适用范围

本制度适用于对客户投诉的处理。

3. 主要内容

3.1 定义

3.1.1 客户：指公司代理商和已付订金或预约金的客户以及使用公司产品的终端用户。

3.1.2 客户投诉：是指商场和直接客户因对公司的产品质量或服务质量等各方面的不满，而提出的书面或口头上的异议、抗议等行为。

3.1.3 客户投诉的分类：客户投诉分为两种，一种是服务类客户投诉，是指因服务态度差、导购技能不足、售后不主动、跟踪处理不力引起的客户投诉；另一种是产品质量与生产类客户投诉，是指因生产错误、交货期推迟、错发漏发、产品质量等引起的客户投诉。

3.1.4 客户二次或多次投诉：指客户第一次投诉后，超出两个工作日的解决回复时间后，在30天内客户就公司相关部门或商场应对的解决方案、服务质量、信息沟通等进行的同类问题的第二次或多次不满反馈（用户再次来电反馈生产推迟、赔偿、退货情况，或已达成解决方案只来电询问或要求跟进解决过程的，不视为二次投诉）。若投诉的解决方案已请示总经理室成员并得到批准，而客户再次对解决方案表示不满，将不计入多次投诉。

3.1.5 及时回复率：指投诉处理责任人员收到客户服务分部发出的投诉单（包括二次或多次投诉及再次反馈的投诉单）、售服单（包括再次反馈）后，于两个工作日内回复的投诉单数与本投诉处理责任人责任投诉总单数的比率。

3.1.6 投诉处理满意率：投诉处理责任人员对投诉单进行回复后，客服组座席代表就投诉处理的整体满意度情况对客户进行回访，客户按非常满意、比较满意、一般满意、不太满意、很不满意进行评价。投诉处理满意率=（非常满意个数+比较满意个数+一般满意个数）/（非常满意个数+比较满意个数+一般满意个数+不太满意个数+很不满意个数）×100%。

3.1.7 已处理完毕率：客户投诉后，投诉处理责任人员处理投诉单完毕后将最终处理结果回复至客户服务分部个数与该线别客户投诉总个数的比率。

3.2 管理职责

3.2.1 客户服务分部客服线。

（1）座席代表负责接收、登记、分类、发送、整理由公司 400 热线电话、传真、电子邮箱、网络、直接客户回访及邮政信件等渠道获得的客户对产品服务的要求及投诉信息，通过公司协同管理平台发送"客户投诉处理单"给客户投诉责任人员。

（2）座席代表负责跟进相关部门客户投诉处理责任人员对客户投诉问题的回复、处理、实施过程。

（3）座席代表负责对各部门客户投诉处理责任人回复的"客户投诉处理单"处理结果进行 100% 回访（特批除外）。

（4）客服组长负责汇总客户服务分部当月受理的所有客户投诉，分析客户投诉信息，制作"集团下属公司客户投诉汇总表"及"集团下属公司客户投诉分析统计报告"，经部门审核后报总经理室批准再发送各相关人员。

3.2.2 客户投诉处理责任人员。

（1）客户投诉处理责任人员指公司各部门负有特定对外联络管理责任的岗位人员。每年各部门新的组织架构确定后，应依据客户投诉处理各部门责任岗位中的处理单位对应填报处理责任人，于组织架构确定后的两个工作日内交客户服务分部客服组长更新。客户服务分部制作投诉单后将按责任人对应发送，各部门投诉处理责任人中途如有变更，在变更工作交接前须经部门负责人批准后，通过协同管理平台向客户服务分部提出变更通知（为规范发送的流程，投诉处理责任人短期请假无须通知客户服务分部，由各部门调配好投诉处理责任人，客户服务分部不做发送责任人的变更）。

（2）客户投诉处理责任人负责在规定的时间内收到并处理各类客户投诉，并对客户投诉及其他售后服务（包括售服单）进行调查、跟进、落实和回复。

（3）客户投诉处理责任干部负责对客户服务与客户投诉处理的监督及管理。

（4）客户投诉处理责任干部负责合作商场服务类投诉的调查、跟进、落实和回复，并制订解决措施，报总经理室审批。

3.2.3 客户投诉处理责任部门。

（1）质量部：负责对责任部门提出的质量问题责任划分有争议的情况进行判定。

（2）工艺技术部和产品规划与研发部（或开发部）：工艺技术部在责任部门要求的情况下负责对非常规工艺技术、材料等特殊工艺投诉问题的分析和解决方案的制订；规划与研发部（或开发部）负责对此进行价格等方面的核定。

（3）制造线：制造线负责处理的投诉内容应由相对应线制订解决方案并及时回复。

（4）公司各经销部门、工程销售服务部：所有直接用户的投诉，各所属部门均为处理跟进回复的当然责任人，若因跟进不到位产生二次或多次投诉将承担责任。

3.3 客户投诉处理流程

3.3.1 直接客户投诉处理程序。

（1）客户服务分部座席代表接到投诉后，应对客户投诉进行记录，生成投诉处理订单，进行后台处理制单，能即时回复客户的即时答复客户，不能处理的，转派各部门客户投诉处理责任人员进行跟进，各部门客户投诉处理责任人接收到转派的客户投诉单后，与合作商场和客户进行协商处理，当客户要求超出标准时，相关处理责任人应根据逐级上报原则报相关部门审批、判定处理办法，在规定时限内答复给投诉人，并督促商场按协商时间处理客户问题，并于2个工作日内回复给客户服务分部座席代表，由座席代表对客户投诉进行满意度回访。

（2）客户如果是通过监察审计部投诉渠道进行投诉，则由监察审计部工作人员将客户反馈内容通过协同管理平台发送给客户服务分部客服组长，由客服组长安排座席代表根据反馈内容制作成投诉单或者售服单，通过协同管理平台发送给各处理责任部门时，需抄送给监察审计部工作人员知悉。

（3）各部门客户投诉责任人员对客户投诉原因无法分析或无法确定解决方案的特殊技术质量问题，在当天反馈到质量部或工艺技术部，由其在2个小时内提出解决方案，并回复相关客户投诉处理责任人员（如需收集数据、资料的，由质量部或工艺技术部与经销部门投诉责任人员协商回复时间，并在约定时间内回复）。

（4）因生产原因不能在两个工作日内处理完毕需要跟进的投诉单，由各投诉处理责任人填写"投诉单推迟回访申请表"，并附上投诉单，由部门内务经理/主管填写意见，通过协同管理应用平台发到客户服务分部客服组长、主管、经理邮箱，由客户服务分部确认，如意见一致则推迟回访，如意见不一致，则由客户服务分部通过协同管理应用平台填写意见，由各部门投诉处理责任人书面呈报总经理室批示，最终根据总经理室批示结果执行。

3.3.2 合作商场投诉处理程序。

（1）客户服务分部座席代表接到投诉后，应对合作代理商投诉做好记录，生成投诉处理订单，进行后台处理制单，能即时回复的即时答复，不能处理的则制作投诉单，发送给被投诉部门或业务归属部门，由投诉处理责任人与合作商场进行协商处理，并于2个工作日内将处理结果回复给客户服务分部座席代表，由座席代表对合作、合资商场投诉进行满意度回访。

（2）合作商场对商场跨区域经营行为以及对于公司人员贪腐行为等问题的投诉，座席代表应及时整理，报部门负责人审核后，跨区域经营行为的投诉转督导支部处理，公司人员贪腐行为的投诉转监察审计部处理。

3.4 客户投诉处理回复时限及处理方法的基本要求

3.4.1 各种情况回复时限及处理方法的基本要求，如下表所示。

各种情况回复时限及处理方法的基本要求

项目	回复时限	受理责任人	处理方法的基本要求
生产推迟、错误，错发漏发等引起的生产类的投诉	6小时	制造线投诉处理责任人	对客户已经投诉的订单进行紧急处理，并将订单的情况回复给各经销部门（或销售服务分部）客户投诉处理责任人
订单生产、发货等状况	1个工作日	公司各经销部门、工程销售服务分部客户投诉处理责任人	应在时限内与客户进行沟通，详细告知订单的情况，和客户达成一致意见。如需商场安排上门处理的，需在3小时内与客户约定好时间，并协调商场人员按时上门处理
咨询常规类、材料、工艺、促销活动等方面的问题	6小时内	座席代表	现场解答客户的咨询，如不能立即答复的须在6小时之内回复对方并与对方约定回复时间，回复时间原则上要求不能超过2个工作日，须由其他相关部门配合解决的应做好记录并发送其他相关部门解决
对所辖范围内客户提出的产品质量类及服务质量类投诉	2个工作日内	公司各经销部门、工程销售服务分部客户投诉处理责任人	在4个小时内和客户进行沟通，并安抚客户，详细了解分析客户投诉的原因，给出解决方案。需要进行跟进处理的，应当约定好时间，并将处理结果在2个工作日内做最终回复
其他类投诉	2个工作日内	公司各经销部门、工程经销服务分部客户投诉处理责任人	与客户及商场沟通，详细了解及分析客户投诉的原因，针对投诉的内容做出解决方案，需要对客户投诉进行跟进处理的，处理责任人在回复时必须要写明处理的具体时间

续表

项目	回复时限	受理责任人	处理方法的基本要求
合作商场投诉工作人员的服务类投诉	2个工作日内	被投诉人的上级	由被投诉人的上级对投诉进行处理,并将解决方案回复至客户服务分部

3.4.2 各客户投诉处理责任人员根据投诉处理原则处理后,仍与客户无法达成一致的处理方案,应逐级向直接上级、部门负责人报告并取得处理结果,仍未与客户取得一致意见的,可填写客户投诉单交客户服务分部客服组长填写核实情况并报相应总经理室成员明确处理意见,并在2个工作日内做最终回复。

3.5 客户投诉处理回复内容要求

3.5.1 客户投诉处理责任人在对投诉及售服要求进行回复时必须是针对客户投诉内容写明具体解决方案及最终处理结果或落实方案,如简单回复已处理、已上门跟进以及待跟进等,与解决方案及措施无关的内容属于无效回复。(投诉单/售服单回复应遵循5W2H原则,即What（整改措施内容）、Who（跟进人、责任人）、Why（造成售服的原因）、When（计划实施时间、预计完成时间、完成时间）、Where（场所、从何处入手）、How（解决方案）、How much（跟进程度）。各部门客户投诉责任人员应对客户反馈的售后问题全程跟进,并将最终的处理结果或落实方案回复至客户服务分部,从而实现售后问题处理流程的闭环。

3.5.2 对投诉进行的回复必须由投诉处理责任部门作出,商场或其他人员等回复的内容不计算在投诉单及时回复范围。

3.5.3 客户投诉回复内容中,应写明待跟进及协调中的客户投诉内容,各投诉处理责任人必须在规定的时限内写明具体的解决方案及措施再次进行回复。如没有回复则此投诉的回复内容无效,属于未回复投诉。

3.6 重大事件处理

3.6.1 客户投诉已有新闻媒体、消协、工商局、质量监督局等介入,已对公司造成负面影响;客户投诉的情况极为恶劣或严重,如产品质量严重不达标、使用中造成人身伤害等。此类投诉定为危机投诉,根据危机程度,危机事件投诉分为以下三类:

（1）C级事件,因对产品质量及服务不满并已通过微博、论坛等网络媒体曝光及投诉至行政监管部门将事态扩大,已对公司造成负面影响。

（2）B级事件,产品质量可能涉及安全隐患,并对用户造成一定财产损失。

（3）A级事件,用户财产遭到重大损失或引起人身伤亡、产品被权威部门评定不合格、权威媒体已进行曝光或权威机构已介入调查。

3.6.2 公司各投诉受理责任部门应在投诉发生后2个小时内成立重大事件处

理小组，投诉处理责任干部为组长，各部门投诉处理责任人和商场负责人为组员，负责对重大事件的处理。

3.6.3 发生重大事件时，代理商应及时赶赴现场了解情况，搜集保护证据，并必须在投诉发生当天内将情况通报给集团各重大事件处理小组，重大事件处理小组指导商场处理，在尊重客户及其诉求的原则下，与客户协商解决方案，当客户要求超出处理权限时，重大事件处理小组应根据逐级上报原则报总经理室审批、判定处理办法，经总经理室审批后由商场与客户办理最终处理手续。

3.6.4 各重大事件处理小组成员应保证联络电话的全天候畅通。

3.6.5 事件的处理以减小损失、消除不良影响、维护公司品牌声誉为目的。

3.6.6 处理突发事件必须做到及时、谨慎，即第一时间赶赴现场，及时处理现场，处理问题不拖拉；慎重考虑事情严重性及可能发生的意外情况，制订严谨的处理方案，不随意承诺客户，与客户协商处理方案时应注意言语的严谨性，保持严肃的工作态度。

3.6.7 在处理完各类事故后，重大事件处理小组必须对整件事情进行详细分析，从产品质量、服务质量等全面梳理事件各环节，检讨事件中存在的不足，并制订具体整改措施。

3.7 客户投诉处理奖惩规定

3.7.1 各部门对于客户的任何要求须在上述规定时限内回复或处理。如出现对客户的要求故意拖延处理、置之不理或出现推卸责任的情况，则按照公司奖惩管理制度进行处理。

3.7.2 对于客户投诉无正当理由而不积极协调处理，造成负面新闻的，按照公司奖惩管理制度进行处理。

3.7.3 各部门应将指定客户投诉处理责任人的及时回复率、投诉处理满意率以及二次投诉率纳入绩效考核。

3.7.4 客户服务分部座席代表回访客户投诉处理满意率之后，各投诉处理责任人不能因客户评价不满意或很不满意的结果与客户进行交涉及抱怨客户，并且要求客户更改满意率情况，一经查实，则视为弄虚作假，按照公司奖惩管理制度进行处理。

3.7.5 如座席代表在与客户沟通中态度恶劣，一经查实，则按照公司奖惩管理制度进行处理。

3.7.6 对客户投诉采用任何形式的报复、刁难行为或恶语威胁者，一经查实，则按照公司奖惩管理制度进行处理。

3.8 其他相关规定

3.8.1 各相关部门需将公司总部的各种投诉渠道（包括有效电话、公司网络、电子信件、邮政信件等），纳入与客户沟通交流的相关资料（如订货合同、产品说明书、网站首页、宣传图册、专营店内的企业承诺牌等）中，保证客户沟通投诉的渠道畅通。

3.8.2 公司总部的投诉渠道有：

（1）电话。

（2）传真。

（3）公司网站。

（4）投诉及建议电子信箱。

（5）微信公众号。

拟定		审核		审批	

四、客诉及抱怨处理程序

标准文件		客诉及抱怨处理程序	文件编号	
版次	A/0		页次	

1. 目的

为及时妥善处理客户（消费者、经销商）对我公司产品的抱怨，强化品质改善，提高客户对公司的满意度，特制定本程序

2. 适用范围

客户（包括消费者、经销商）直接提出的对我公司产品质量的抱怨、退换货及国家行政监督机关以口头或书面形式反映的有关品质缺失问题的处理，均适用本程序。

3. 名词解释

3.1 外部客诉

由客户（包括消费者、经销商）及国家行政监督机关以口头或书面形式反映我公司的产品及服务品质缺失问题。

3.2 内部客诉

公司内部员工或部门对公司产品提出的品质及服务缺失问题。

4. 职责

4.1 营业部

负责外部客诉的具体调查、取证、处理和赔偿。

4.2 品保部

负责客诉的信息反馈、技术性的支持、最终结果的确认以及结案后的相关后

续工作。

4.3 生产部

负责客诉原因分析及调查，提出改善对策并予以实施。

4.4 总部品保客诉中心

负责客诉的信息反馈（400客服部分）、处理的跟踪、改善效果抽查、统计、汇总备案；客诉的分类，针对共性客诉组织专案分析解决；内部客诉的协调解决。

5. 作业内容

5.1 接受客诉

5.1.1 营业部接到外部客诉（包括电话、信件、邮件、来访等）时应立即填写"客诉处理报告单"，反馈给品保部，通知业务员调查取证。品保部将"客诉处理报告单"传真至客诉中心备案。

5.1.2 公司其他部门接到外部客诉（包括电话、信件、电子邮件、来访者等）时应立即反馈到品保部，由品保部填写"客诉处理报告单"反馈给营业部，由营业部派业务员调查取证，同时知会客诉中心备案。

5.1.3 内部客诉由第一个接到客诉的部门或个人以文字或其他形式反馈至客诉中心，由客诉中心填写"客诉处理报告单"。

5.1.4 总部客诉中心将设专人负责400电话或其他方式（信件、邮件、来访等）的客诉的处理，客诉中心接到投诉后，立即填写"客诉处理报告单"，并将客诉反馈至责任区域的品保，由品保再反馈给营业部派人处理，总部客诉中心将跟踪客诉的处理过程。

5.2 客诉调查取证、处理

5.2.1 外部客诉。

（1）业务员在第一时间内（24小时）与消费者联系，依客诉内容安排拜访客户及调查取证，需技术性帮助时，可邀请品保部协助处理。

（2）对于非我方责任的客诉，客诉处理人员应通过安慰、赠送等方式表达对消费者的诚意。

（3）对于确系我方责任的客诉，客诉处理人员原则上应依据《客诉赔付标准》并根据实际情况做好解释、赔付工作，并与消费者达成赔付协议。

5.2.2 内部客诉：由客诉中心或客诉发生区域的品保部取证。

5.3 客诉的赔付

5.3.1 客诉处理人员参照《客诉赔付标准》确定客诉等级并与消费者达成协议后，请求当地经销商进行暂赔，并要求消费者在"客诉处理报告单"上签字，结案后将"客诉处理报告单"在当月内发送至品保部。

5.3.2 品保部根据"客诉处理报告单"上的赔偿结果进行汇总并填写"客诉

赔付清单"，由相关部门会签后交由储运部进行赔偿或退换。

5.3.3 不足整箱的赔付由品保部累计或依据产品金额折算成其他产品，由储运部以整箱方式赔付给经销商。

5.3.4 实物或金额赔付需由区域总经理或指定授权人签批。

5.4 客诉分析

5.4.1 外部客诉。

（1）营业部将取得的证据和"客诉处理报告单"反馈给区域品保部，经品保部确认分析后反馈给责任部门，必要时可通过营业部将确认的原因反馈给消费者，倾听消费者的意见和要求，提高服务质量。

（2）品保部依"客诉处理报告单"填写"客诉处理反馈单"至相关责任单位做进一步分析处理。

5.4.2 内部客诉。

（1）品保部依"客诉处理报告单"填写"客诉处理反馈单"至相关责任部门做进一步分析处理。

（2）为达到警示及尽快改善的目的，对于客诉相关责任人必须予以惩戒。

（3）客诉发生后由品保部界定责任部门，生产部协助确定责任人，人力资源部依据处罚标准起草文件并报总经理审批后执行。

5.5 问题改善

相关责任部门依"客诉处理反馈单"的客诉内容，详细分析客诉产生原因，制订改善方案，明确改善期限，并填写"客诉处理反馈单"的相关栏目，经责任部门最高主管核准后交品保部。内部客诉"客诉处理反馈单"需及时反馈至客诉中心。

5.6 改善实施

相关责任部门按"客诉处理反馈单"中所制订的改善方案在改善期限内进行改善，并将改善结果反馈给品保部，内部客诉的改善结果需同时反馈给客诉中心。如涉及系统则应将改善结果标准化。

5.7 改善结果确认

相关责任部门将填写的《客诉结案报告》反馈给品保部，由品保部确认客诉改善结果。内部客诉的改善结果，相关责任部门需同时将《客诉结案报告》反馈给品保部和客诉中心，由客诉中心和品保部共同确认改善结果。

5.8 结案

客诉结案后，客诉资料由品保部统一归档保存，保存期一年。《客诉结案报告》需报备客诉中心。

拟定	审核	审批

第三节 客户投诉管理表格

一、客户投诉处理表（1）

客户投诉处理表（1）

□急件　　　　　　　　　　　　　　　　　　编号：
□普通件　　　　　　　　　　　　　　　　　日期：

客户名称		□抱怨　□退货	品名	
型号		数量	交货批号	
出货日期		出货单 No.		
项目	内容			责任单位负责人
投诉内容				
公司应急措施				
投诉原因及不良率分析				
防止再发对策				
投诉处理意见				
会签部门			厂长核对	

说明：1. 客户投诉意见反映单据以具体数字详细填写，内容不足表达时可另附文件。
　　　2. 客户有反映一定要处理并明确答复。
　　　3. 对疏失人员追究相应责任。
　　　4. 客户投诉项目确实，应防止再发生。

二、客户投诉处理表（2）

客户投诉处理表（2）

受理日期：＿＿＿＿年＿＿＿月＿＿＿日　　　　　　　　　　附件：＿＿＿＿＿＿＿＿
填表单位：＿＿＿＿＿＿＿＿＿＿＿＿＿＿　　　　　　客户投诉编号：＿＿＿＿＿＿＿＿
填表人：＿＿＿＿＿＿＿＿＿＿＿＿＿　　　　　　　　客户代号：＿＿＿＿＿＿＿＿

续表

接单日期： 接单人：	客户名称： 负责人：
受订编号： 制度单位：	地址： 存货地址：
交运编号： 料号：	联络人： 电话：
交货日期： 单价：	客户投诉方式：□电话 □书信 □其他
交货数量： 交货金额： 不良数量：	产品用于：□内销 □外销 □合作外销 □其他
发票日期： 发票号码：	客户有无质量确认：□有 □无，产品名称：
本批货款：□已全部收回 □部分收回,金额： □尚未收回 □其他	本次客户投诉：本年度第 次客户投诉 协调后拟：□退回。数量： 金额：
本批货品：□已经使用 □部分使用,数量： □尚未使用 □其他	□补送。数量： 金额： □重修。数量： 金额：
本次客户投诉是在哪一流程提出： □入库时 □生产线上 □制成品 □出口后 □其他	□折让。数量： 金额： □索赔。数量： 金额： 客户投诉比率： %（客户投诉损失金额/交货金额）
客户发现日期： 客户反映日期：	

客诉内容	业务部主管意见	业务部经理意见

质检单位质检分析及异常判定		
	经理	
	科长	
	经办	

制造部门异常原因分析及改善对策		经理室意见	
	经理		
	科长		
	经办		

研发部意见			业务部门处理意见	
	经理		经理	
	科长		科长	
	经办		经办	

总经理室综合意见			业务部门处理结果	
	经理		经理	
			科长	
	经办		经办	

总经理	副总经理	经理	责任归属			
			单位	比率	金额	结案日期	销案日期

146

三、客户投诉处理单

客户投诉处理单

市场部填写	投诉日期		处理单编号	
	投诉单位		联系电话	
	投诉内容			
	记录人（市场部）		日期	
	审核人（生产部）		日期	
技术部填写	原因分析和责任判定（可附页）：			
	分析人： 审核： 日期：			
质控部填写	投诉案件的调查／原因分析（可附页）：			
	分析人： 审核： 日期：			
责任单位填写	调查处理情况／原因分析（可附页）：			
	处理对策（可附页）：			
	填写人： 审核人： 日期：			
市场部填写	投诉处理意见（可附页）：			
	填写人： 审核： 日期：			
投诉处理意见核决：				
	核决人： 日期：			
市场部填写	交涉处理结果（客户意见、满意度，可附页）：			
	填写人： 审核： 日期：			
责任处理意见（可附表）	技术部： 质控部： 市场部： 生产车间： 相关部门： 综合意见：			

续表

责任处理意见核决:				
		核决人:	日期:	
技术部填写	问题改善方案（可附页）:			
	填写人:	审核:	日期:	
责任单位填	采取改善措施情况（可附页）:			
	填写人:	审核:	日期:	
质控部填写	改善措施情况监察核实（可附页）:			
	填写人:	审核:	日期:	

四、客户投诉处理表

客户投诉处理表

投诉日期：　　　　　　　　　　　　　　　　　　　　日期：

客户姓名		单元号		联系电话	
投诉方式				接待人员	
投诉内容					
所属部门：					
所属部门核实情况及解决方案：					
部门经理：					
回访结果：					
经办人/日期：					
项目经理签署意见：					
签字/日期：					

五、客户投诉登记表

客户投诉登记表

序号	日期/时间	单元号	投诉人	投诉内容	所属部门	核实情况	处理结果	回访反馈	经办人

六、客户投诉案件登记追踪表

客户投诉案件登记追踪表

_____年___月　　　　　　　　　　　　　　　　　　　　　　　　编号：

件数	受理日期	受理字号	客户	交货单编号	品名规格	交运日期	交运数量金额	不良数量	客户投诉内容	制造部门	处理方式	损失金额	责任归属部门	比率%	个人惩处姓名	个人惩处类别	收件	处理时效质管部门	处理时效会签部门	处理时效业务部门	处理时效总经理室	结案	合计	督促记录（日期/文号）	结案编号

七、客户退货记录登记表

客户退货记录登记表

序号	报告（No.）	接收日期	客户名称	货品名称	客诉内容	处理方法	处理结果	处理完成日期	是否结案	是否有MRB报告	责任部门

统计：　　　　　　　　　　审核：　　　　　　　　　　确认：

八、客户投诉处理回复表

客户投诉处理回复表

区域

客户名称		地址	
问题产品		产品规格	
订单编号		问题发生部门	
订购日期		制造日期	
索赔数量		制单号码	
索赔金额		订购数量	
再发生率		处理期限	
原因调查结果：		客户要求或希望：	
公司处理意见及对策：		公司对策实施要领及实施确认：	

九、客户投诉处理报告

客户投诉处理报告

No.：

销售部	顾客名称：		规格：		型号：		总数量：
	投诉内容及要求：		工作令号		数量		发货时间
	签名：						
产生质量异常单位	原因分析	责任人：					
		问题原因：					
	拟采取对策	纠正和预防措施：					
		部门/签名：					
品质部	原因分析	原因调查及分析：					
	对策	纠正和预防措施：					
		问题物料处理办法：					
	抱怨等级：轻微（　）　一般（　）　严重（　）　　　　　签名：						

主管领导：
总经理：
整改效果跟踪验证： 1. 对策执行情况： 2. 对策执行效果：
防止问题重复发生措施：
发放部门：

十、客户投诉案件统计表

客户投诉案件统计表

区域

客户投诉		客户名称	品名规格	交运日期		不良品数量	投诉内容	责任部门	处理方式			损失金额（元）
日期	编号			日期	编号				赔款	退货	折价	
备注												

十一、___月份客户投诉统计表

___月份客户投诉统计表

序号	投诉时间	客户名称	订单编号	产品名称	投诉内容	处理方式	处理结果	处理人	备注

制表：　　　　　　　　　审核：

第六章

售后服务管理

第一节 售后服务管理要领

售后服务，就是在商品出售以后所提供的各种服务活动。从销售工作来看，售后服务本身同时也是一种促销手段。在追踪跟进阶段，售后服务人员要采取各种形式的配合步骤，通过售后服务来提高企业的信誉，扩大产品的市场占有率，提高售后服务工作的效率及效益。

一、售后服务的管理内容

一般来说，企业在对售后服务进行管理时，主要包括以下内容：
（1）代为消费者安装、调试产品。
（2）根据消费者要求，进行有关使用等方面的技术指导。
（3）保证维修零配件的供应。
（4）负责维修服务。
（5）对产品实行"三包"，即包修、包换、包退（现在许多人认为产品售后服务就是"三包"，这是一种狭义的理解）。
（6）处理消费者来信来访，解答消费者的咨询，同时用各种方式征集消费者对产品质量的意见，并根据情况及时改进。

二、提供售后服务的资源

企业应以适当方式确定并提供必需的资源（包括人力资源、服务专项资金、基础设施、工作环境等），并对其进行有效的管理，在保证正常运作的情况下节约资源，使资源的利用率达到最大化。

1. 基础设施

基础设施包括：
（1）售后服务过程所需的检测设备、硬件和软件。
（2）支持性服务，如 CAD 软件应用、ERP 系统应用等。

2. 人力资源

公司应确保提供售后服务人员和从事服务相关工作的关键岗位人员，按照不低于 10% 的比例配置售后服务人员；售后服务人员须具备适当的本行业经验，具有相关技能，具备一定的服务意识，能胜任相关工作。

3. 工作环境

工作环境主要是指为保证产品和服务质量、保护员工及有关人员健康与安全所需具备的环境条件，公司应根据经营管理的需要，识别并确定管理体系范围内各部门或区域对环境条件的要求，并通过技术手段的运用和有效的管理控制满足相应的要求，并保持对工作环境进行监视、测量、控制和改进措施的记录。

4. 监视和测量设备（软件、硬件）

售后服务部应对服务站监视和测量设备控制、校准或检定、维修和形成的文件记录制定相关要求并定期检视。

对于用于检验的硬件，使用前应加以校准或检定，以证明其能用于验证生产过程的有效性，并按规定周期加以校准或检定。

5. 知识管理

公司应建立学习型组织，实施组织记忆力方案，组织相关部门做好知识管理工作，对体系运行所需的各项知识进行识别、确定、固化、共享、利用并保持更新，形成法律法规标准库、故障案例汇编手册、售后服务信息知识库、相关管理制度等，推进成功经验固化、吸取失败教训、人员培训、能力提升、工艺改进、新技术利用等各项知识管理。为了给售后服务提供技术支持，公司需做好以下几个方面的工作：

（1）编制包括但不限于产品维修手册、技术通报、维修案例、维修资料等产品维修技术信息，并及时传递至售后服务部。

（2）当现场出现难以解决的问题时，通过及时反馈确保问题快速有效解决，形成维修案例并分享传递。

（3）识别各类市场质量信息并准确、快速地传递至相关部门协同处理、改进闭环。

（4）对于已识别的重大、批量技术问题，由售后服务部协同质检部、技术研发中心成立项目攻关团队实施专项改进，组织技术专家进行方案验证并输出维修方案。

三、确保内部沟通和外部信息交流

为确保售后服务体系的内部、外部信息交流畅通有效，公司对沟通时机、方式、方法、内容、处置等作出明确的规定，并建立相应的管理制度予以要求。

1. 获取信息的渠道

（1）服务电话：售后服务部定期对电话投诉及客户回访问题进行收集、整理、归纳，对于不同服务类型的问题建立相应的处理流程，责任部门负责落实、闭环，客户关系管理部对信息进行追踪，督促建立纠正措施，并对投诉处理结果进行评价和考核。

（2）客户座谈会：公司定期组织开展客户座谈会，邀请各地客户就其在购买设备及售后服务方面遇到的服务及质量问题进行交流，对于座谈会上客户反馈的质量、服务及产品意见和建议进行分类落实，并跟踪闭环，对责任部门进行评价和考核。

（3）DMS 系统：通过售后服务系统收集相关信息，并对其分析应用，以监测售后产品的质量，用于改进和提升，提升客户满意度。

（4）其他活动：其他获取渠道。

2. 交流内容

用户投诉原因、解决方案、回复客户的及时性、用户的意见、产品的质量、维修方案的推进、重大风险的影响以及控制等信息，均可作为交流沟通的内容。

3. 记录处理

（1）公司内各级人员都有责任和义务对所发现的质量问题和投诉逐级向上反馈，受理者对此应妥善处理，并做好必要的记录。

（2）公司各部门负责与业务范围内的相关方进行外部信息交流，交流时做好必要的确认、查询、处理和记录等，对涉及重要环境因素和重大风险的外部信息的处理与答复，须经相关领导批准认可后再由相关部门实施。

第二节 售后服务管理制度

一、售后服务流程及管理制度

标准文件		售后服务流程及管理制度	文件编号	
版次	A/0		页次	

1. 目的

为规范售后服务工作，满足用户的需求，保证用户在使用本公司产品时能发挥最大的效益，提高用户对产品的满意度和信任度，提高产品的市场占有率，特制定本制度。

2. 适用范围

适用于本公司产品的售后服务管理。

3. 管理规定

3.1 售后服务内容

3.1.1 正常工作状态下定期派出技术人员到现场，对各系统设备进行性能测试维修，排除隐患，处理积压问题。

3.1.2 系统出现故障时，及时派出技术人员到现场维护，根据合同及技术协议的要求，对保修期内因产品制造、装配及材料等质量问题造成的各类故障或零件损坏，无偿为用户维修或更换相应零配件。

3.1.3 对配管及线路进行巡检，保障线路畅通。

3.1.4 对保修期外的产品，通过公司报价（包括零配件、人员出差等），果断排除故障，让用户满意。

3.1.5 对合同中要求进行安装调试的，在规定的时间内，组织人员对产品进行安装调试及对用户工作人员进行培训。

3.1.6 定期组织人员对重点区域和重点客户进行走访，了解产品的使用情况，征求用户对产品在设计、装配、工艺等方面的意见。

3.1.7 为用户操作、维护人员进行技术培训，以便操作人员能熟练操作该系统并能发现故障，排除简单故障。

3.1.8 如运行值班人员在操作运行期间遇到不明之处或影响一般性正常运行的故障，将及时地给予电话服务支持。

3.1.9 合同期内最后一个月进行一次维修检查，对维修保养范围内的系统进行全面的检查和调整，检查内容包括系统设备及线路维修。

3.1.10 建立维护档案，并由双方签字认可。

3.2 售后服务的标准及要求

3.2.1 售后服务人员必须树立用户满意是检验服务工作标准的理念，要竭尽全力为用户服务，绝不允许顶撞用户或者与用户发生口角。

3.2.2 在服务过程中积极、热情、耐心地解答用户提出的各种问题，传授维修保养常识，用户问题无法解答时，应耐心地解释，并及时地报告售后服务总部协助解决。

3.2.3 服务人员应举止文明，礼貌待人，主动服务，和用户建立良好的关系。

3.2.4 接到服务信息，应在 24 小时内答复，需要现场服务的，应在客户规定的时间内到达现场，切实实现对客户的承诺。

3.2.5 绝不允许服务人员向用户索要财物或变相提出无理要求。

3.2.6 服务人员对产品发生的故障要判断准确，并及时地修复，不允许同一问题重复修理的情况。

3.2.7 服务人员完成工作任务后，要认真填写"售后服务报告单"，并让用户填写售后服务满意度调查表。

3.2.8 对于外调产品或配套件的质量问题，原则上由总部协调外协厂家解决。

3.2.9 如属重大质量问题，须反馈公司有关部门予以解决。

3.2.10 建立售后服务来电来函登记制度，做好售后服务派遣记录，以及费用等各项报表。

3.3 管理考核办法

3.3.1 因以下原因造成用户投诉的，一经查实，记大过一次，并采取有效措施挽回影响：

（1）与用户发生口角，顶撞用户的。

（2）对用户索要财物，并提出无理要求的。

（3）因个人原因未及时为用户服务的。

（4）因个人原因造成同一问题重复修理的。

3.3.2 按公司财务制度和公司的有关规定报销，提交报销的各种票据应真实、合法、有效，出差的票据与出差地应相符，否则不予报销，一旦发现弄虚作假的行为，视情节给予记过、记大过、辞退直至追究法律责任。

3.3.3 服务结束，未回电公司擅自离开的，罚款××元/次。

3.3.4 因个人原因未按规定时间到达用户现场的，罚款××元/次。

3.3.5 用户服务报告书未详尽记录（如故障原因、解决办法、更换零件名称、用户意见等）的，罚款××元/次。

3.3.6 售后人员早上8点到晚上10点必须开机，如发现无故关机或拒接电话者，扣除出差电话费补贴或罚款××元/次。

3.3.7 售后人员不服从公司统一指挥的，罚款××元/次。

3.4 业务程序

3.4.1 差旅费报销审批流程。

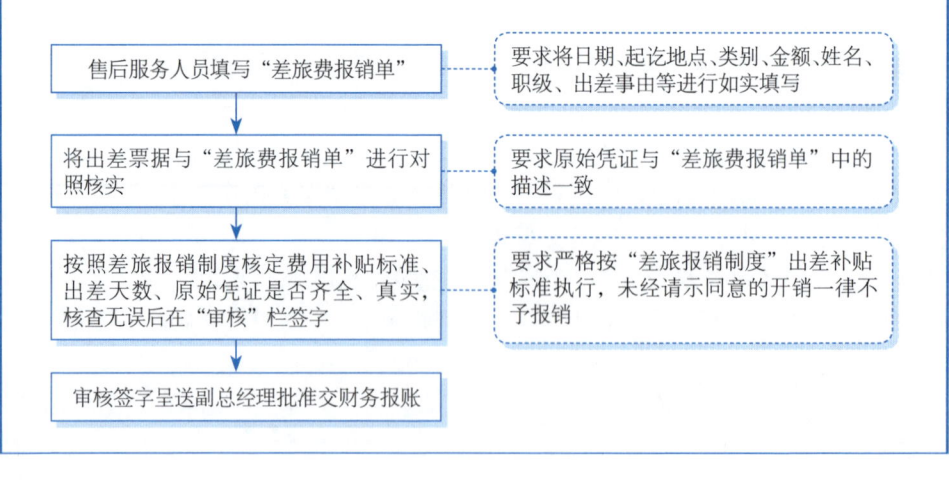

流程	要求
售后服务人员填写"差旅费报销单"	要求将日期、起讫地点、类别、金额、姓名、职级、出差事由等进行如实填写
将出差票据与"差旅费报销单"进行对照核实	要求原始凭证与"差旅费报销单"中的描述一致
按照差旅报销制度核定费用补贴标准、出差天数、原始凭证是否齐全、真实，核查无误后在"审核"栏签字	要求严格按"差旅报销制度"出差补贴标准执行，未经请示同意的开销一律不予报销
审核签字呈送副总经理批准交财务报账	

3.4.2 售后服务请款流程。

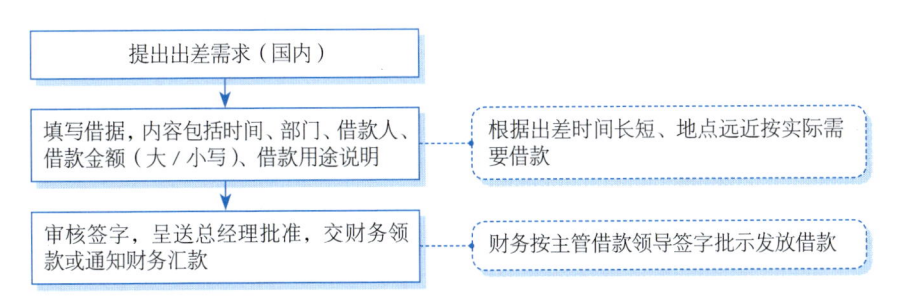

```
┌─────────────────────────┐
│    提出出差需求（国内）    │
└─────────────────────────┘
            │
            ▼
┌─────────────────────────┐       ┌──────────────────────────────┐
│ 填写借据，内容包括时间、部门、借款人、 │┈┈┈┈┈│ 根据出差时间长短、地点远近按实际需 │
│ 借款金额（大／小写）、借款用途说明   │       │ 要借款                        │
└─────────────────────────┘       └──────────────────────────────┘
            │
            ▼
┌─────────────────────────┐       ┌──────────────────────────────┐
│ 审核签字，呈送总经理批准，交财务领 │┈┈┈┈┈│ 财务按主管借款领导签字批示发放借款 │
│ 款或通知财务汇款            │       │                              │
└─────────────────────────┘       └──────────────────────────────┘
```

3.4.3 用户服务信息处理流程。

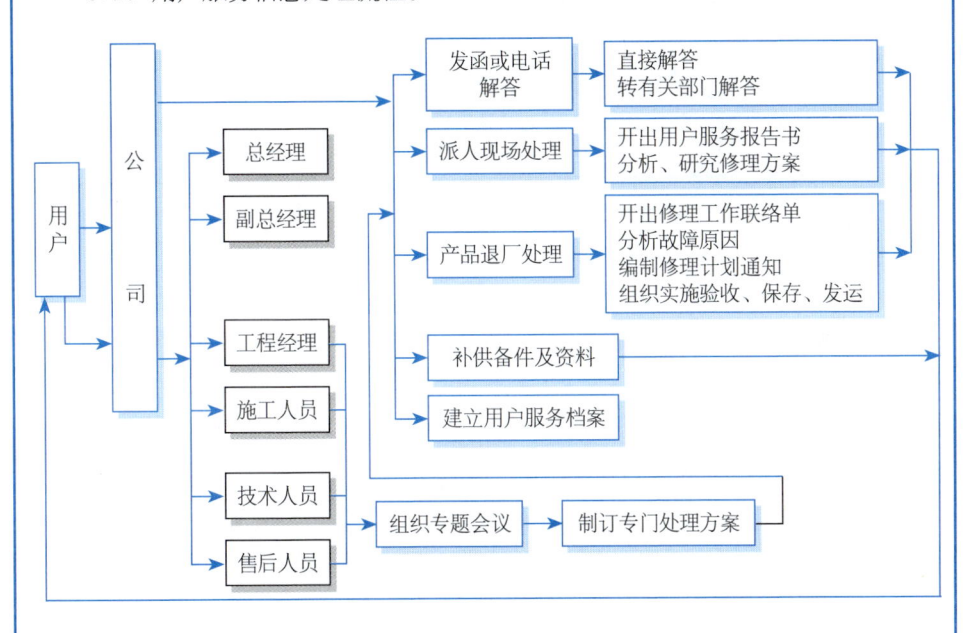

```
                    ┌──────────┐   ┌──────────────┐
                ┌──▶│发函或电话│──▶│直接解答      │
                │   │  解答    │   │转有关部门解答│
                │   └──────────┘   └──────────────┘
      ┌──────┐  │   ┌──────────┐   ┌──────────────┐
      │总经理│  ├──▶│派人现场处理│─▶│开出用户服务报告书│
      └──────┘  │   └──────────┘   │分析、研究修理方案│
      ┌──────┐  │                  └──────────────┘
      │副总经理│ │   ┌──────────┐   ┌──────────────┐
      └──────┘  ├──▶│产品退厂处理│─▶│开出修理工作联络单│
用户──公司──     │   └──────────┘   │分析故障原因    │
      ┌──────┐  │                  │编制修理计划通知│
      │工程经理│ │                  │组织实施验收、保存、发运│
      └──────┘  │                  └──────────────┘
      ┌──────┐  │   ┌──────────────┐
      │施工人员│ ├──▶│补供备件及资料│
      └──────┘  │   └──────────────┘
      ┌──────┐  │   ┌──────────────┐
      │技术人员│ ├──▶│建立用户服务档案│
      └──────┘  │   └──────────────┘
      ┌──────┐  │   ┌──────────┐   ┌──────────────┐
      │售后人员│ └──▶│组织专题会议│─▶│制订专门处理方案│
      └──────┘      └──────────┘   └──────────────┘
```

3.4.4 用户服务售后配件更换、发货流程。

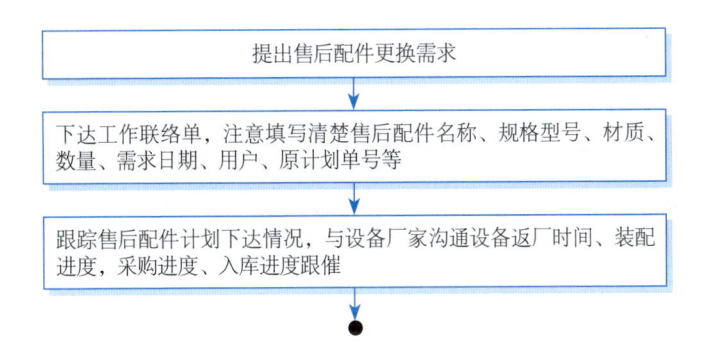

```
┌─────────────────────────────┐
│     提出售后配件更换需求         │
└─────────────────────────────┘
              │
              ▼
┌─────────────────────────────────────────┐
│ 下达工作联络单，注意填写清楚售后配件名称、规格型号、材质、│
│ 数量、需求日期、用户、原计划单号等                    │
└─────────────────────────────────────────┘
              │
              ▼
┌─────────────────────────────────────────┐
│ 跟踪售后配件计划下达情况，与设备厂家沟通设备返厂时间、装配│
│ 进度、采购进度、入库进度跟催                        │
└─────────────────────────────────────────┘
              │
              ▼
```

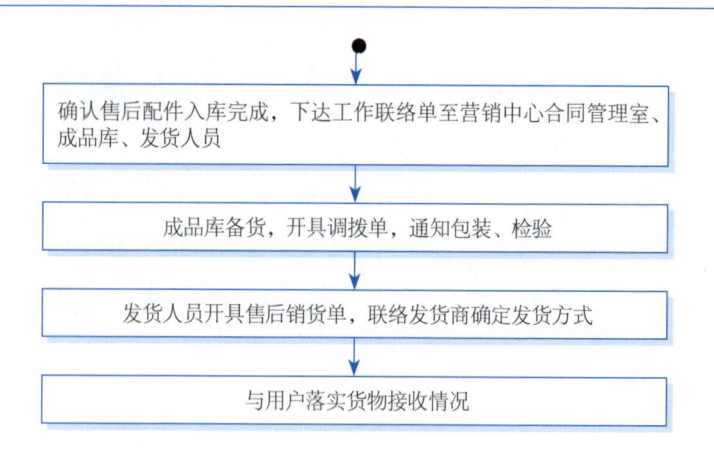

```
确认售后配件入库完成,下达工作联络单至营销中心合同管理室、
成品库、发货人员
          ↓
成品库备货,开具调拨单,通知包装、检验
          ↓
发货人员开具售后销货单,联络发货商确定发货方式
          ↓
与用户落实货物接收情况
```

3.4.5 用户服务资料归档流程。

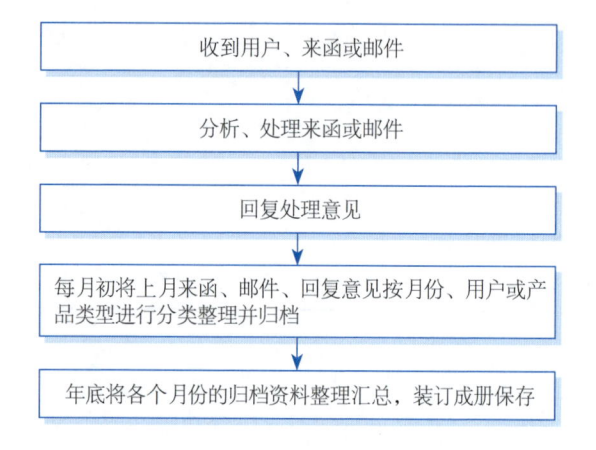

```
收到用户、来函或邮件
          ↓
分析、处理来函或邮件
          ↓
回复处理意见
          ↓
每月初将上月来函、邮件、回复意见按月份、用户或产
品类型进行分类整理并归档
          ↓
年底将各个月份的归档资料整理汇总,装订成册保存
```

3.4.6 统计报表。

每月统计售后服务数据(每月4日前报公司企管室),包括:
(1)安装调试(人、次/天)及费用。
(2)售后派人(人、次/天)及费用。
(3)售后材料费用。
(4)售后运输费用。
(5)售后总费用(合同规定的指导安装调试费用除外)。
(6)每月售后服务项目报表整理汇总,于次月初(5日前)整理一份交予财务经理、工程经理、副总经理。

| 拟定 | | 审核 | | 审批 | |

二、客户退货处理流程规范

标准文件		客户退货处理流程规范	文件编号	
版次	A/0		页次	

1. 目的

为了规范客户退货管理流程，明确退货责任和损失金额，确保每批退货产品均能得到及时、妥善的处置，特制定本规范。

2. 适用范围

客户退回的所有成品，包括呆滞、不良、报废、计划更改的成品。

3. 职责分工

3.1 销售部各销售点负责明确退货型号、数量、退货原因、分类标识、包装防护，数据的登记、传递，产品的交接，以及退货运输费用损失的统计。

3.2 仓储部负责将确认报废产品的型号、数量清点清楚，组织人员拆废交库。

3.3 工厂品保部负责客户退货的质量评审、责任认定、统计汇总。

3.4 制造分厂负责参加客户退货现场评审和责任认定，对留用产品由分厂领出后进行检查、返修、包装和重新入库。

3.5 工程部负责制订退货产品的返工、返修方案及费用明细。

3.6 质量管理部负责对批量性的或有争议的退货，到客户现场确认，回复整改报告，负责本流程的监督实施。

4. 管理规定

4.1 责任原因区分

4.1.1 分厂原因：纯手工作业造成产品外观、外形结构、尺寸、性能和混装等不合格导致的退货。

4.1.2 品质原因：由检验员错检、漏检造成批量产品不合格导致的退货。

4.1.3 技术原因：图纸设计分解或变更错误、变更不及时，工装模具、工艺技术不成熟，包装防护设计不合理等造成的退货。

4.1.4 采购原因：原材料质量问题造成产品外观、外形结构、性能等不良导致的退货。

4.1.5 销售原因：计划下达错误、装卸及运输变形或损坏。

4.1.6 特例：对于由于销售员未及时反馈，造成呆滞时间过长导致无法认定责任的，一律视为销售部责任。

4.2 流程说明

4.2.1 退货原因确认：无论是何种原因的退货，销售点业务员或由其安排的人员均应到主机厂现场对退货原因进行确认，对于批量性的或有争议的退货，销售点有必要通知公司质量管理部质量工程师前往一同确认、商谈。经确认需退货的产品，在退货前业务人员或跟线人员需对退货产品分类标识，写明不合格原因，填写"客户退货责任鉴定报告"明确型号、数量、退货原因。

4.2.2 现场返工、返修：经与客户协商可以现场返工、返修的产品，由销售点联系销售部，销售部以工作联系单的形式通知分厂，安排相关人员到销售点进行返修处理，无须退回公司。

4.2.3 退货整理、装运：

（1）因计划取消或改型呆滞需退回的完好成品，销售点需按原样进行包装、防护。

（2）有质量问题需退回的成品，销售点需进行整理分类、清点数量、做好标识。

（3）整理包装后由销售点联系销售部，安排人员到销售点装运退货，由销售点业务员或其安排人员开具"客户退货责任鉴定报告"，注明销售点、产品名称、规格型号、数量和退货原因等。填好的通知单需由运输人员签字确认，运输人员负责退回产品的数量及防护的完整性，若出现差额或受损等情况，销售部按运输协议规定在运输结算费用中扣除。

4.2.4 退货登记、建账：货物退回后，由运输人员将"客户退货责任鉴定报告"交于销售部签字登记，销售部根据每日退货情况建立退货产品台账，并在"客户退货责任鉴定报告"上注明退货产生的运输费用，以便后期统计落实，然后把退货产品放入退货评审区。

4.2.5 组织评审：由销售部通知工厂品保部、制造分厂和仓储部到现场受理，工厂品保部检验员首先核查退回不良品是否标识清楚，若未标识，检验员可以拒绝检验，若标识清楚则检验员开始进行确认工作，对退货产品进行原因分析和责任认定，确认完毕后在"客户退货责任鉴定报告"上签署处理意见（合格留用、返工留用、报废），报品质管理部经理审核确认。若是批量性的或原因复杂检验员无法认定的，由工厂品保部主管或品质工程师到现场确认。

4.2.6 返工处理：留用产品由分厂领出后进行检查、返修，工程部负责制订退货产品返工方案及费用明细。原则上在一周内返工后通知工厂品保部检验员检验，合格后由分厂重新入成品库，成品库进行验收登记入账。

4.2.7 报废处理：对确认报废的产品由业务员填写"报废处理单"交于仓库，由检验员明确责任部门及费用出处，报品质管理部经理审核确认。仓储部根据"报废处理单"将报废产品的型号、数量清点清楚，确认无误后在"报废处理单"上签收。

4.2.8 损失核算与统计：根据评审的结果（报废、返修）和责任界定，工厂品保部负责核算各相关责任部门应承担的报废损失和返工费用，月底汇总。

4.2.9 考核处理：

（1）汇总的报废损失和返工费用，报总裁审批后交财务部在责任人当月工资中兑现，并纳入责任部门的外部质量损失年度指标中。

（2）属于外协单位的质量问题损失，由质量部按照质量保证协议对供应商进行相应的质量索赔。

4.2.10 分析改善：质量管理部协助相关责任部门对退货原因进行分析，制订具体改善措施，在"客户退货责任鉴定报告"上填写纠正及预防措施，降低产品退货率。收集整改资料，并按时回复退货整改报告给客户。

4.2.11 效果验证：质量管理部根据"客户退货责任鉴定报告"的纠正及预防措施进行效果验证，验证效果无效时，由质量管理中心对相关责任人进行考核，验证效果有效时，应及时联系技术管理中心对相关标准进行修订将其标准化。

4.3 考核规定

未按规定流程进行操作，或操作出现差错的，对直接责任人扣罚××元/次。对部门负责人没有负起领导督促责任的，每次扣当月绩效2分。

拟定		审核		审批	

三、安装维修人员上门服务规范

标准文件		安装维修人员上门服务规范	文件编号	
版次	A/0		页次	

1. 目的

针对目前因服务不及时、承诺不兑现导致用户投诉的问题，规范安装维修人员上门服务管理，减少服务不到位的情况，提高用户满意度，特制定本规范。

2. 安装维修人员上门服务指引

安装维修人员上门服务指引

序号	流程	基本标准	可能遇到问题	解决措施
1	接收派工信息	网点信息员通过服务网站的网上派工功能，在中心派工3小时内接收信息，并落实安排网点服务人员处理	服务网站不能登录	网点信息员保持与中心投诉处理员的联系，通过电话或传真方式进行派工
			其他原因，网点无法安排处理	网点信息员马上通知中心投诉处理员转派其他网点

163

续表

序号	流程	基本标准	可能遇到问题	解决措施
2	确定用户信息	保证用户信息准确，包括用户姓名、地址、联系电话、产品型号、购买日期、故障现象、用户要求等	信息不详（如地址不详、电话错误、无产品型号、无购买日期、故障现象不详等）	与网点信息员或中心投诉处理员核实，如核实不到则直接联系用户核实
3	分析用户信息	（1）根据用户反映的故障现象分析可能的故障原因、维修措施及所需备件	（1）用户误报或使用不当	电话咨询指导用户正确使用，3小时候跟踪回访
			（2）无此备件	马上领用或申请备件（在用户同意的情况下，可考虑从不良品或周转机上拆件代用）
		（2）根据用户地址、要求上门时间及自己的实际情况分析是否能按时上门服务	（1）时间太短，不能保证按时到达	提前与用户联系，道歉，说明原因并征求用户改约时间
			（2）与其他用户上门服务时间冲突	通知网点信息员改派其他服务人员上门
		（3）此故障能否维修	此故障从未维修过或同类故障以前未处理好	通知网点信息员改派其他服务人员上门或查阅资料并请教其他人（网点有经验的师傅、中心技术主管、总部技术支持）
		（4）此故障能否在用户家维修？是否需要拉回维修？是否需要提供周转机	无法在用户家维修，需要拉回维修，并且用户要求提供周转机	直接带周转机上门
4	联系用户	（1）提前与用户确认上门时间、地址、产品型号、购买日期、故障现象等	（1）路途遥远，无法保证按约定时间上门	道歉，说明原因并改约
			（2）地址、型号或故障现象不符	按确认后的地址、型号或故障现象上门服务
			（3）产品超保	准备收据（发票）及收费标准
			（4）电话无人接听	改时间联系，或直接按地址上门，并及时地向中心反馈处理过程
			（5）用户恼怒拒绝上门	耐心听取用户发泄，征得用户同意后上门
		（2）属用户误报或使用不当，可电话咨询指导使用	（1）不接受咨询	上门服务
			（2）咨询错误或误咨询	对用户咨询完三小时后必须跟踪回访
5	上门前的准备工作	穿着品牌工装，带好工具、配件（或周转机）保修记录单、留言条、上岗证、服务监督卡、垫布、盖布、鞋套等	物品带错或漏带	出发前要将自己的工具对照标准自检一遍

续表

序号	流程	基本标准	可能遇到问题	解决措施
6	出发	出发时间要根据约定时间及路程所需时间确定，以确保到达时间比约定时间提前5分钟	出发迟导致不能按约定时间到达	根据约定时间及路程所需时间准确倒推出发时间
7	路上	路上不要耽误，以确保到达时间比约定时间提前5分钟	（1）路上发生塞车或其他意外 （2）在其他用户家耽误	提前电话联系，向用户道歉，在用户同意的前提下改约上门时间或通知网点改派其他人员上门
8	进门前的准备	（1）穿品牌工作服且正规整洁 （2）仪容仪表整洁，精神饱满 （3）眼神热情，面带微笑	（1）非品牌工作服 （2）衣服脏、不干净 头发长且蓬乱、胡子过长等	平时要注意自己的修养，养成穿工服的习惯 （1）每天上班前要对自己的仪容仪表进行自检 （2）敲用户家门前，先对自己的仪容仪表自检一遍
9	敲门	连续轻敲2次，每次连续轻敲3下，有门铃的要先按门铃	（1）连续敲个不停，力量过大 （2）用户听不到，或有其他事情无法脱身 （3）用户家无人 （4）用户已经到楼下等候	平时练习，养成习惯，敲门前稍微稳定一下自己的情绪 每隔30秒钟重复1次，5分钟后不开门则电话联系 电话联系，确认不在家后，给用户家门上的显眼位置贴留言条，让用户回来后再联系约定具体时间或回去后主动电话联系用户，同时通知网点信息员 到楼下周围查看，有无用户在此等候
10	进门	自我介绍，确认用户出示上岗证和服务监督卡	（1）迟到，未按约定时间到达，用户不高兴甚至不让进门	（1）如用户有联系电话，必须在同用户约定的时间前1~2分钟与用户取得联系，道歉取得用户的谅解 （2）如迟到时间小于12分钟，则先向用户道歉，可以交通受阻为理由向用户解释，争取得到用户的谅解；若用户赶时间可主动提出改约，再按约定时间上门 （3）如迟到时间超过15分钟（或更长），则先向用户真诚道歉，说明迟到的具体原因，希望得到用户的谅解，可赠送小礼品，若道歉不接受，再由中心投诉处理主管或其他相关领导上门道歉

续表

序号	流程	基本标准	可能遇到问题	解决措施
10	进门	自我介绍，确认用户出示上岗证和服务监督卡	（2）没找对用户	表示道歉，离开并落实原因及时找到用户
			（3）用户对上门服务人员的资格表示怀疑甚至不让进门	首先亮出上岗证和服务监督卡，把品牌的投诉、监督电话告诉用户，取得用户的信任；如用户还是不让进门，则同用户改约时间，由资格较深的维修人员上门
			（4）用户本人不在家，而不让进门	亮出自己的上岗证和服务监督卡，向对方说明事由，请对方马上联系用户确认，特殊情况下可改约
			（5）保修产品不在此处而在其他地方	在征得用户同意的前提下，由用户带领到产品所在地或自行前往，或改约重新上门
			（6）用户家里临时停电	在征得用户同意的前提下改约时间
			（7）用户临时有事要出门	可留下联系方式，改约时间
			（8）用户正在吃饭	等用户吃完饭再上门，也可按用户的意见行事
11	穿鞋套	先穿一只鞋套，踏进用户家，再穿另一只鞋套踏进用户家门；室外作业时，不需穿鞋套	（1）鞋套脏、破、旧	工具包内要带备用鞋套
			（2）穿鞋套站在门外	进门前擦干净鞋套
			（3）用户不让穿	向用户解释这属于工作纪律，原则上必须穿；特殊情况下可按用户意见办理
12	摆放工具	找一个靠近产品的合适位置，在保证工具不弄脏地面的前提下放好工具箱，取出垫布铺在地上，后将工具箱摆放在垫布上；安装时，用盖布盖住附近可能因安装而弄脏的物品	（1）工具箱、垫布太脏	出发之前自检
			（2）工具箱内工具不整齐	
			（3）零部件摆放杂乱	
13	耐心听取用户意见	（1）耐心听取用户意见，不轻易打断用户的话，重复用户关切的问题，确保已经理解，并对用户提出的问题或意见及时回应	用户恼怒、情绪激动	耐心听取用户的发泄，眼睛注视用户并不时应答，让用户知道你在认真倾听

续表

序号	流程	基本标准	可能遇到问题	解决措施
13	耐心听取用户意见	（2）服务语言规范：语言文明、礼貌、得体；语调温和、悦耳、热情；吐字清晰、语速适中	（1）用户拒绝维修，要求退换	弄清用户不让维修的原因，从用户角度进行咨询，打消用户顾虑，让用户接受检修服务
			（2）用户强烈要求维修人员休息、喝水、抽烟等违反服务规范的行为	详细讲解品牌服务宗旨及服务纪律，取得用户理解
14	诊断故障	准确判断故障原因及所需更换的零部件，若属超保产品则向用户讲明产品超保需要收费，征得用户同意后出示收费标准	（1）对故障原因判断不准	拉回检修
			（2）所需更换备件未带，备件不好或错带	向用户表示歉意，如用户有时间，可以马上回去取备件，如果无时间，则重新约定上门时间
			（3）超保收费，用户不接受	详细向用户解释国家三包规定及保修期范围，以真诚打动用户，让用户明白收费的合理性，特殊情况报中心领导批示
			（4）要求减免费用再修	根据具体情况灵活处理
			（5）机器正常但用户认定有问题	用规范，合理的语言向用户解释
15	故障维修	（1）严格按公司下发的相关故障维修工艺，迅速排除产品故障	小修不让换件	向用户咨询解释
		（2）能在用户家中修复的当场修复	用户不让拉回维修，怀疑会将好件换掉或产品有大毛病	以维修后需要全面检测为由，讲明拉修的好处，说服用户同意，并跟用户约定送回时间
		（3）不能在用户家中维修的，委婉地向用户说明需拉回维修，并提供周转机		
		（4）如安装产品，则在安装前要与用户商量安装位置，尊重用户意见。但如果用户意见违背安装规范，则应向用户说明可能出现的隐患，与用户协商好，最后确定安装位置	在维修中遇到的新问题	暂时回避用户，即使将新问题反馈到中心或总部相关职能组，争取当场解决，若无法保证当场解决则以检测为由说服用户拉修
			在维修时遇到用户家吃饭，而产品一时不能修复	如确有不便时清理现场，与用户约定等用户吃完饭后再回来，并明确再回来时间
			用户不同意维修，要求退机或换机	符合退换机要求的，按用户要求给予退换，不符合要求的，认真做好解释，特殊情况须请示上级

续表

序号	流程	基本标准	可能遇到问题	解决措施
15	故障维修	（4）如安装产品，则在安装前要与用户商量安装位置，尊重用户意见。但如果用户意见违背安装规范，则应向用户说明可能出现的隐患，与用户协商好，最后确定安装位置	用户要求赔偿	难以答复用户，报中心请示后办理
			用户态度蛮横，打骂服务人员	不要同用户发生正面冲突，由中心其他人员上门解决
		（5）在用户家言行要求如下：工具、工具包、备件等或自产品上拆卸下来的一切物品必须放在垫布上；如需移动用户摆放的物品时，必须事先向用户说明，并征得用户同意；要使用用户家的凳子或其他物品时，必须事先征得用户同意，踩踏时必须用垫布防护；绝对禁止在用户家吃、喝、拿、留宿；绝对禁止使用用户家的毛巾、洗手间等；进行产品或家具搬运时，不允许在地板或地毯上拖来拖去；损坏东西按价赔偿，并表示歉意	用户以他提出的条件没有得到满足为由，扣押服务人员或扣押服务人员的工具	不要同用户发生正面冲突，由中心其他人员协商解决
			在用户家服务时，接到另一个需马上上门处理的信息	向用户解释需要打个电话，并向中心讲明现正在用户家中服务，由中心根据用户的轻重缓急程度改派其他服务人员或同用户改约时间
16	试机通检	保证产品修复正常，且无保修外的其他故障	（1）产品未修复	重新检修或拉回检修
			（2）存在其他故障隐患	将其他故障隐患一并排除
			（3）没时间试机	3小时后跟踪回访
17	指导使用	培训用户产品的基本使用常识及保养常识	（1）用户不会使用	耐心讲解
			（2）不会根据环境温度调档位	
18	产品清擦现场清理	将产品恢复到原位，用自带干净抹布将产品内外轻擦干净，并轻擦地板，清理维修工具	（1）产品清擦不干净或现场清理不干净	让用户签意见之前自己要对产品及现场检查一遍
			（2）工具遗漏在用户家里	整理工具箱时，自己要对工具箱自检一遍
			（3）产品搬动复位时将地板、产品碰坏	给用户照价赔偿
19	超保收费	出示收费标准，严格按收费标准进行收费，并开具收据或发票	（1）收费标准与用户保修证标准不符	向用户作出合理解释

续表

序号	流程	基本标准	可能遇到问题	解决措施
19	超保收费	出示收费标准，严格按收费标准进行收费，并开具收据或发票	（2）现场未带发票	与用户约定时间再送发票或邮寄发票
			（3）用户拒绝付费	给用户认真讲解国家三包规定，解释收费的合理性，让用户接受，特殊情况请示中心领导
20	征询用户意见	安装完毕后，按检查项目逐项认真检查，并填好保修卡 AB 两联上的相关内容，然后请用户填好保修卡 A 联背后的"安装监督表"相关内容请用户签名（单位用户请盖公章）。维修完毕后详细填写维修记录单的内容，让用户对产品的维修质量和服务态度进行评价，并签名	用户不填写意见和签名	（1）不强迫用户签名 （2）用户不满意则跟踪服务直至用户满意为止
21	赠送小礼品及服务名片	向用户赠送小礼品及服务名片，若用户再有什么要求可按服务名片上的电话进行联系	用户要求维修人员留下电话	向用户解释，名片上的电话为公司服务电话，若有什么要求我们都会及时上门服务
22	向用户道别	同用户道别，走到门口时先脱下一只鞋套跨出门外，再脱下另一只鞋套站在门外，最后再次向用户道别	在用户家中脱鞋套	用抹布将地板擦拭干净，并向用户道歉
23	回访	对没有彻底修复把握的，维修人员需在 3 小时后回访	回访不满意	重新上门服务直至用户满意为止
24	信息反馈	将安装通知单、维修记录单于当天反馈至网点，网点信息员通过网上派工功能进行相关信息反馈，由中心投诉处理员对相关信息回访核实后反馈至总部	网点信息员反馈不及时	按规定处理

3. 服务语言表达技巧及常用服务规范用语

3.1 服务语言表达技巧

3.1.1 选择积极的用词与方式。

在保持一个积极的态度时，沟通用语也应当尽量选择体现正面意思的词汇。比如，要感谢用户等候时，常用的说法是"很抱歉让您久等"，这实际上在潜意识中强化了对方"久等"这个感觉，比较正面的表达可以是："非常感谢您的耐心等待"。

如果一个用户就产品的某个问题几次重复，而安装维修人员想表达自己为客户真正解决问题的意图，于是说，"我不想再让你重蹈覆辙。"这个带贬义的成语就容易让用户产生反感，这时候不妨这样表达："我这次有信心让这个问题不会再发生"，让用户听起来更顺耳些。

3.1.2 善用第一人称代替第二人称。

安装维修人员人员在和用户交流的时候，可以尽量用"我"代替"你"，让用户听起来觉得更加亲切。

举例如下：
习惯用语——你的名字叫什么……
专业表达——请问，我可以知道你的名字吗？

习惯用语——你必须……
专业表达——我们要为你那样做，这是我们需要的。

习惯用语——你错了，不是那样的！
专业表达——对不起我没说清楚，但我想它运转的方式有些不同。

习惯用语——如果你需要我的帮助，你必须……
专业表达——我愿意帮助你，但首先我需要……

习惯用语——你做得不正确……
专业表达——我得到了不同的结果，让我们一起来看看到底怎么回事。

习惯用语——你没有弄明白，这次听好了。
专业表达——也许我说得不够清楚，请允许我再解释一遍。

3.1.3 在用户面前维护企业的形象

如果有用户向安装维修人员抱怨他在企业其他部门所受的不公待遇，而安装维修人员为了表示理解随口附和道："你说得不错，这个部门表现很差劲"，这样肯定是不妥的，适当的表达方式应该是"我完全理解您的苦衷。"

如果是用户的要求公司没法满足，可以这样表达："对不起，我们暂时还没有解决方案"。尽量避免直接推脱："我没办法"。当你有可能替用户想一些办法时，与其勉为其难地说"我试试看吧",不如表示"我一定尽力而为"。当用户的要求是公司政策不允许的时候,与其直说"这是公司的政策",不如这样表达:"根据多数人的情况,我们公司目前是这样规定的……"

3.2 服务规范用语及忌语

3.2.1 规范用语。

(1)请原谅,耽误您的时间了!

(2)对不起,让您久等了;非常感谢您的耐心等待!

(3)对不起,请您稍等,我马上就给您办。

(4)对不起,根据公司规定应该是这样的,请您原谅。

(5)请您放心,我们一定帮您处理好。

(6)请不要着急,慢慢地讲。

(7)对不起,给您添麻烦了。

(8)我们做得还不够,欢迎您多提宝贵意见。

(9)请问有什么可以帮到您。

(10)这是我们应该做的。

(11)请及时和我们联系。

(12)不理解的地方请尽管问。

(13)我们会尽力帮助您的。

(14)我理解您的心情,您的意思是……

(15)您提的问题是在我的职责范围内,我可以为您解决的。

(16)实在不好意思,给您添麻烦了,我们会尽快核实这一情况,给您妥善处理这个问题,您看行吗?

3.3.2 服务禁语

(1)不行、不知道、不清楚、我不懂。

(2)一分钱、一分货。

(3)我们的产品就是这样的。

(4)不可能有这种事情发生。

(5)这不关我们的事。

(6)我没权利处理、我必须请示领导。

(7)我绝对没讲过这种话。

(8)公司的规定就是这样。

(9)你有完没完。

(10)你问我,我问谁啊。

(11)这个问题不小、这问题很严重。

（12）你管不着，就这样。
（13）不行就不行，这是规定。
（14）你听见没有、你有没有在听。
（15）我解决不了，愿意找谁找谁去。
（16）不是告诉过你了吗。
（17）我们又不是为你一个人服务的。
（18）你不懂我们的管理规定。
（19）我不管这事。
（20）不是给你讲了吗，怎么还不明白。
（21）有完没完、就你事多。
（22）你怎么这么挑剔。
（23）你怎么什么都不知道、你怎么连基本常识都不懂。
（24）那不是我的错。
（25）有意见找领导去。
（26）我跟你讲、你听我说。
（27）你冲我发什么脾气。
（28）你为什么不早点联系我们呢？
（29）我不可能这么快给你答复。
（30）你这是无理要求，我们满足不了。

拟定		审核		审批	

第三节　售后服务管理表格

一、售后服务登记表

售后服务登记表

客户名称		联系方式	
客户需要解决的问题			
工作人员所提供的服务			

续表

处理结果	
客户满意度评价	

制表人：　　　　　　　　　　　　　　　制表时间：

二、产品维修报告单

产品维修报告单

客户姓名		购买产品		产品型号	
购买时间		产品保修期		报修日期	
产品故障描述					
初步原因分析					
维修情况（由维修人员填写）					
部门主管审核					

三、产品退换货汇总表

产品退换货汇总表

客户名称	购买产品	购买日期	规格型号	数量	金额	类别 退	类别 换	退换货日期	退换货原因
备注									

173

四、产品故障维修统计表

产品故障维修统计表

产品名称	购买时间	报修时间	产品故障描述	处理情况	负责人	备注

五、维修人员工作月报表

维修人员工作月报表

月份：

姓名	维修产品			其他工作	工时合计	出勤天数
	名称	数量	工时			
备注						

六、售后服务评价表

售后服务评价表

日期：

客户姓名		联系方式		客户地址	
使用公司生产的何种产品					

续表

产品满意度	产品质量	□满意	□比较满意	□一般	□不满意	□非常不满意
	产品价格	□满意	□比较满意	□一般	□不满意	□非常不满意
	产品包装设计	□满意	□比较满意	□一般	□不满意	□非常不满意
服务评价	服务态度	□满意	□比较满意	□一般	□不满意	□非常不满意
	服务方式	□满意	□比较满意	□一般	□不满意	□非常不满意
	服务流程	□满意	□比较满意	□一般	□不满意	□非常不满意
	服务效率	□满意	□比较满意	□一般	□不满意	□非常不满意
	工作技能	□满意	□比较满意	□一般	□不满意	□非常不满意
	服务人员综合素质	□满意	□比较满意	□一般	□不满意	□非常不满意
	产品出现质量问题后的处理结果	□满意	□比较满意	□一般	□不满意	□非常不满意
其他建议或意见						

七、售后服务例行检查表

售后服务例行检查表

客户公司名称			负责人		联系电话	
客户公司地址					邮编	
设备名称		设备型号		出厂编号		交货日期	
安装调试日期				安装调试人员		
上次养护日期				上次服务人员		
近期运行情况						
设备保养记录							
序号	配件名称			指标		
1						
2						
3						
售后服务人员设备情况评述						
售后服务人员签字				售后服务主管签字		

续表

客户评定	请从以下两个方面对售后服务人员的服务作出评定： 1. 是否对损耗配件的定期更换和设备保养的方法进行说明？ 2. 是否耐心解答了您所提出的有关设备的问题，且服务态度是否让您满意？ 对售后服务人员的服务打分（满分 100 分）： 客户：（签字） 日期：

八、产品退货申请表

产品退货申请表

产品名称		规格	
代码		批号	
生产日期		有效期		退货数量	
退货单位		联系人	
退货地址	
退货原因	□质量原因： □非质量原因： 退货申请人 / 日期：
审核	
批准	

九、产品退货处理记录表

产品退货处理记录表

客户		业务员		退货单号	
退货型号		退货数量		退货日期	
客户要求（客服专员）：□维修后返回 □重新补发 □取消订单
退货原因（客服专员填写）： 签名：　　　　　　日期：

续表

营销部意见：		
	签名：	日期：
品质部意见：□修复后返回客户　□无法修复，报废处理　□检验合格后入库 责任单位：□其他 OEM 厂商（　　　）　□品质部　□采购部 品质部意见：		
	签名：	日期：
责任单位意见：		
	签名：	日期：
返修用料明细（返修员填写）：		
	签名：	日期：
财务部意见（损失成本）：		
	签名：	日期：
总经理意见：		
	签名：	日期：

十、客户退货责任鉴定报告

客户退货责任鉴定报告

客户		产品名称		规格型号	
退货数量		退货日期		编号	
退货原因：					
		责任人：		日期：	
品质确认：					
		责任人：		日期：	
损失核算：					
		责任人：		日期：	

续表

原因分析：		
	责任人：	日期：
整改措施：		
	责任人：	日期：
落实执行情况：		
	责任人：	日期：
结果验证：		
	责任人：	日期：

第七章

客户信息管理

第一节　客户信息管理概要

一、客户信息的调查步骤

一般来说，企业在对客户信息进行调查时，应按照以下步骤实施：

1. 明确调查的问题点

首先收集企业内外部有关情报资料进行初步分析。初步分析的资料收集不必详细，只要重点收集对所要研究分析的问题有参考价值的资料即可。通过预备调查阶段的工作，使问题的调查范围缩小，明确问题点的所在，针对性地提出一个或几个调查课题。

2. 确定收集信息的方法

在确定客户信息收集这一主题后，企业就要确定收集信息的来源和方法，此时必须明确下列问题：

（1）调查需要收集什么资料？
（2）用什么方法进行调查？
（3）由谁提供资料？
（4）在什么地方进行调查？
（5）在什么时间进行调查？
（6）是一次调查还是多次调查？

3. 准备客户调查表

客户调查表是指企业用于调查客户某一方面的专门信息的表格。常见的有客户基本信息调查表、客户历史状况调查表、客户组织管理状况调查表、客户经营状况调查表、客户财务状况调查表、客户实地调查表、客户信用记录调查表等，分别就客户的身份、历史、组织管理、经营状况、财务状况与信用状况进行专门调查。

4. 从内部获取资料

销售部是企业直接与客户打交道的部门，与客户保持着密切的联系。通过对客户的实地访问和电话信函联络，可以获得许多客户内部信息。这些信息一般都被业务员写进了说明订货情况的订货报告中。

5. 从外部获取资料

外部信息的渠道包括：机构资料、图书馆资源、政府机关资料、商会资料、行业协会资料、商业出版社、银行等。

6. 实地访问调查

对客户进行实地访问调查是一种与客户直接接触的调查方式，从中可以得到许多细节性的信息，了解已掌握材料的背景或"幕后"情况，弥补不能从其他渠道获得的信息空白。

二、客户档案的管理步骤

一般来说，企业对客户档案进行管理时，应按照以下步骤实施：

1. 客户信息整理

资料收集结束以后，需要对这些有用的资料信息进行分类、整理，并建立一系列信息卡，以备查用。

2. 客户信息分类

客户信息是不断变化的，客户档案资料应不断地加以补充和更新，对于客户档案的整理必须具有管理的动态性。因此，企业需要对客户档案资料进行分类、编号定位，并用活页装卷。

3. 建立档案

对于客户资料的每一大类都必须填写完整的目录并编号，以备查询和进行资料管理。客户档案每年应分季度进行清理，按类装订成固定卷保存。

4. 客户信息档案的管理

企业对客户信息档案应加强管理，并制定期查询的制度、借阅制度；同时要确保客户信息不会外泄。客户资料保密事项应包括：

（1）本公司主要客户的重要信息。
（2）公司与客户重要业务往来的细节。
（3）公司对重要客户的特殊营销策略。

第二节 客户信息管理制度

一、客户信息管理办法

标准文件		客户信息管理办法	文件编号	
版次	A/0		页次	

1. 目的

为防止公司客户信息泄露，确保信息的完整和安全，科学、高效、有序地利用客户信息，特制定本办法。

2. 适用范围

建立客户信息管理办法也是为了给客户信息管理活动提供依据，客户服务相关人员必须遵照本办法行事。

3. 管理规定

3.1 客户界定

3.1.1 与公司有业务往来的单位及个人。

3.1.2 与公司有关的行业专家、律师、财务顾问及广告、银行、保险、融资等协助机构，可列为特殊的一类客户。

3.2 客户信息归档

3.2.1 相关部门市场拓展专员每发展、接触一个新客户，均应及时地在客户服务管理部建立客户档案，客户档案应标准化、规范化。

3.2.2 为了便于后期客户信息的查询和统计，客户信息必须按客户服务管理部的要求分类填写，并确保信息完整、准确。

3.2.3 客户信息的载体（包括纸张、磁盘）应选用质量好、耐久性强、便于长期保管的材料。

3.2.4 应选用耐久性强、不易褪色的信息书写材料，如碳素墨水或蓝黑墨水，避免使用圆珠笔、铅笔等。

3.3 客户信息统计报表的管理

3.3.1 客户信息统计报表由客户服务管理部信息管理人员通过对所收集的客户信息进行分析、整理而编制。

3.3.2 其他相关部门若因工作需要，要求提供有关客户信息资料的定期统计报表，须经客户服务管理部经理的审查同意，并经总经理批准。

3.3.3 客户服务管理部编制的客户信息统计报表如有个别信息需要修改时，应报总经理批准，由客户服务管理部备案。

3.4 客户信息检查核对

3.4.1 每半年对客户信息保管状况进行一次全面检查，相关部门应全力配合，做好检查记录。

3.4.2 严格执行客户信息的出入手续，使信息账实相符。

3.5 客户信息的使用

3.5.1 建立客户信息查阅权限制度，未经许可，任何人不得随意查阅客户信息。

3.5.2 查阅信息具体规定。

（1）由申请查阅者提交查阅申请，并注明查阅的对象、目的、理由、查阅人的概况等。

（2）由查阅部门负责人签字。

（3）由客户服务管理部对申请报告进行审核，若理由充分、手续齐全，则给予批准。

3.6 客户信息的保密

3.6.1 公司各部门各级管理人员和信息管理人员要相互协调配合，自觉遵守客户信息保密制度。

3.6.2 凡属"机密""绝密"的客户信息，登记编目时，必须在检索备注栏写上"机密""绝密"字样，单独存放、专人管理，其他人员未经许可，不得接触索要。

3.6.3 对于各种重要文件、资料，必须采取以下保密措施：

（1）非经总经理或主管批准，不得复制和摘抄。

（2）收发、传递和外出携带，由指定人员负责，并采取必要的安全措施。

3.6.4 在对外交往与合作中如果需要提供客户信息资料的，应当事先分别由客户服务管理部经理、主管总经理批准。

3.6.5 对失去保存价值的信息文件要按规定销毁，不得当成废纸出售。

3.6.6 客户信息管理遵循"三不准"规定，其具体内容如下：

（1）不准在私人交往中泄露客户信息。

（2）不准在公共场所谈论客户信息。

（3）不准在普通电话中泄露客户信息。

3.6.7 工作人员发现客户信息已经泄露或者可能泄露时，应当立即采取补救措施并及时地报告客户服务管理部主管。相关人员接到报告后，应立即处理。

| 拟定 | | 审核 | | 审批 | |

二、客户征信信息管理制度

标准文件		客户征信信息管理制度	文件编号	
版次	A/0		页次	

1. 目的

为防止客户征信信息泄露，确保信息完整和安全，科学、高效地保管和利用客户征信信息，特制定本制度。

2. 适用范围

本制度适用于客户征信信息相关管理工作。

3. 管理规定

3.1 客户征信信息归档

3.1.1 业务员每发展、接触一个新客户，均应及时地在客户征信信息专员处建立客户档案，客户档案应标准化、规范化。

3.1.2 客户征信信息专员负责企业所有客户征信信息、客户征信信息报表的发送、收集、汇总、整理。

3.1.3 为方便查找，应为客户档案设置索引。

3.1.4 客户档案按风险控制部的要求分类摆放，按从左至右、自上而下的顺序排列。

3.1.5 客户征信信息的载体（包括纸张、软件等）应选用质量好、便于长期保管的材料。信息书写应选用耐久性强、不易褪色的材料，如碳素墨水或蓝黑墨水，避免使用圆珠笔、铅笔等。

3.2 客户征信信息报告

3.2.1 客户征信信息专员对客户征信信息进行分析、整理，编制客户征信信息报告。

3.2.2 其他部门若因工作需要，要求客户征信信息专员提供有关客户征信信息资料及定期统计报告的，须经风险控制部经理的审查同意，并经总经理批准。

3.2.3 客户征信信息报告如有个别项需要修改时，应报总经理批准，由风险控制部备案，不必再办理审批手续。

3.2.4 客户征信信息专员编制的各种客户征信信息资料报告必须根据实际业务工作需要，统一印刷、保管及发放。

3.2.5 为确保客户征信信息报告中数据资料的正确性，客户征信信息主管、风险控制部经理应对上报或分发的报告进行认真审查。

3.3 客户档案的检查

3.3.1 企业应每半年对客户征信档案的保管状况进行一次全面检查，并做好检查记录。

3.3.2 发现客户征信档案字迹变色或材料破损要及时修复。

3.3.3 定期检查客户征信档案的保管环境，防潮、防霉等工作一定要做好。

3.4 客户征信信息的使用

3.4.1 建立客户征信信息档案查阅权限制度，未经许可，任何人不得随意查阅客户征信信息档案。

3.4.2 查阅客户征信信息档案的具体规定如下：

（1）由申请查阅者提交查阅申请，并注明查阅的对象、目的、理由、查阅人概况等。

（2）由申请查阅者所在单位（部门）盖章，负责人签字。

（3）由风险控制部对查阅申请进行审核，若理由充分、手续齐全，则予以批准。

3.4.3 客户征信信息资料安全的具体规定如下：

（1）任何处室和个人不得以任何借口分散保管客户征信资料和将客户征信资料据为己有。

（2）借阅者提交借阅申请，内容与查阅申请相似。

（3）借阅申请由借阅者所在单位（部门）盖章，负责人签字。

（4）风险控制部门对借阅申请进行审核、批准。

3.5 客户征信信息的保密

3.5.1 风险控制部各级管理人员和征信信息管理人员要相互配合，自觉遵守客户征信信息保密制度。

3.5.2 凡属"机密""绝密"的客户资料，登记造册时，必须在检索工具备注栏写上"机密""绝密"字样，单独存放、专人管理，其他人员未经许可不得查阅。

3.5.3 各类重要的文件、资料必须采取以下保密措施：

（1）非经总经理、客户征信信息主管或风险控制部门经理批准，不得复制和摘抄。

（2）其收发、传递和外出携带由指定人员负责，并采取必要的安全措施。

3.5.4 企业相关人员在对外交往与合作中如果需要提供客户资料时，应事先获得客户征信信息主管和风险控制部经理的批准。

3.5.5 对保管期满，失去保存价值的客户征信资料要按规定销毁，不得当作废纸出售。

3.5.6 客户征信信息管理遵循"三不准"规定，其具体内容如下：

（1）不准在私人交往中泄露客户征信信息。

（2）不准在公共场所谈论客户征信信息。

（3）不准在普通电话中泄露客户征信信息。

3.5.7 企业工作人员发现客户征信信息已经泄露或者可能泄露时，应当立即采取补救措施，并及时地报告客户征信信息主管及风险控制部经理。相关人员接到报告后，应立即处理。

拟定		审核		审批	

三、客户档案管理制度

标准文件		客户档案管理制度	文件编号	
版次	A/0		页次	

1. 目的

为了规范公司销售业务和客户信息的收集和管理工作，增强档案的实用性和有效性，保证公司信息管理工作顺利进行，促进公司营销工作，特制定本制度。

2. 适用范围

2.1 适用于客户档案的管理。

2.2 本制度所称的档案管理包括销售业务流程管理和客户信息管理，是本着"科学、真实、全面、完整、准确、及时"的原则，从客户潜在分析、初期接触到签订合同直至日常维护的全过程，建立起以市场和客户为导向的流程体系和管理制度，对公司的营销业务提供可靠的数据支持和操作程序。

3. 管理规定

3.1 建立客户档案及销售业务档案的目的

3.1.1 及时掌握客户的基本情况，包括客户的市场潜力、发展方向、财务信用能力、竞争力等方面的内容。

3.1.2 缩减销售周期和销售成本，有效规避市场风险，寻求扩展业务所需的新市场和新渠道，并且通过提高、改进客户价值、满意度、盈利能力以及客户的忠诚度来改善公司经营的有效性。

3.1.3 方便营销工作的各类信息查考、利用，提供全方位的管理视角，帮助管理者正确地分析和决策，赋予最大化客户收益率。

3.1.4 考评人员的业务能力，为营销人员的营销业绩提供考核依据。

3.2 档案管理程序

3.2.1 公司的档案按照业务发展流程编制，实行动态化管理，具体内容为：

（1）业务员负责填写客户的基本信息。

（2）由业务员提供销售合同，档案管理员填写合同重要条款电子档，并收录销售合同复印件。

（3）业务员依据自己日常工作中收集的客户市场信息，在客户档案中填写补充信息。

（4）业务部经理依据业务员提供的客户信息及回款情况对客户资质状况进行分析，并提交客户资质评估报告。

（5）统计员每周向业务员提交销售统计表。

（6）档案管理员将每月、每季度、每年度销售市场分析材料进行存档管理。

3.2.2 档案的基本内容：

（1）客户基本信息卡。

（2）客户资质评估报告。

（3）销售合同。

（4）销售统计报表。

（5）销售市场分析。

3.3 档案管理的内容

3.3.1 基础资料。即企业所掌握的客户的最基本的原始资料，是档案管理应最先获取的第一手资料。基本内容包括：客户的名称、注册地址、电话、法定代表人及他们的个人性格、兴趣、爱好、家庭、学历、年龄、能力、经历背景等，创业时间、生产的产品、与本公司交易时间、组织形式、企业规模（职工人数、销售额等）。

此外，对日常运营中的一些重要数据资料也要进行归档，如各级会议记录，客户日常来信、客户预订货记录、销售合同、客户访问表、日销售报表，月、季、年销售报表及计划总结，市场分析，客户的表扬、投诉及处理意见，各大活动方案的计划、实施、收效等文献档案。日常档案要时时更新，重要记录应及时归入各大类档案中。

3.3.2 客户特征。客户所属的行业及行业地位、市场区域、业务范围、经济规模、采购能力、发展潜力、经营观念、经营方式、经营政策、经营特点等。对于大客户，还要特别关注和收集客户市场区域的政府贸易政策动态及信息。

3.3.3 业务状况。客户目前及以往的销售业绩、经营管理者和业务人员的素质、与其他竞争公司的关系、与本公司的业务联系及合作态度等。

3.3.4 交易活动现状。销售活动状况、存在的问题、具有的优势、未来的对策；信用状况、交易条件、以往对本公司产品及服务的意见和建议、对本公司的投诉及处理（包括投诉退货、折价，投诉退货及折价审批，退货及折价原因，责任鉴定）情况等。

3.4 档案管理方法

3.4.1 档案由多个部分构成，需要从不同的部门收集信息。需要确认档案的主要管理部门、主要管理人和文档的归集方法及交接标准。

3.4.2 建立客户基本信息卡。由营销业务员填写，并在同客户接触的一个工作日内交给档案管理员。

客户基本信息卡主要记载各客户的基础资料，取得基本资料主要有以下四种方式：

（1）由业务员进行市场调查和客户访问时整理汇总。

（2）向客户寄送客户资料表，请客户填写。

（3）通过公开披露的信息收集。

（4）委托专业调查机构进行专项调查。

档案管理员根据各种渠道反馈的信息，进行整理汇总，填入客户档案卡。

3.4.3 根据客户的基本信息，对公司的客户进行分类，提高销售效率，促进营销工作的展开。

（1）按客户的性质分类，可分为中间商、终端客户。逐步压缩中间商，发展终端客户。

（2）按客户的规模分类，可分为大客户、中等客户、小客户。开拓大客户、稳定中等客户，压缩小客户，以便于对客户进行商品管理、销售管理和货款回收管理。

（3）按销售区域分类，可分为华北地区、华南地区、华东地区、华中地区、东北地区、西南地区、西北地区。按照不同区域的销售比重，制订营销策略和物流方案。

（4）按信用等级分类，可分为 A、B、C 三个等级。根据信用等级的级别，确定营销对策，对货款回收进行管理。

（5）按产品分类，可分为老产品、新产品。

3.4.4 根据客户分类情况，对合同签订及履行情况进行登记。

（1）合同签订情况。客户与公司签订的合同、协议情况，包括历次签订合同协议记录及具体的合同协议文本。按签订的时间先后登记。

（2）合同履行情况。客户历次货款的支付方式、支付时间，拖欠货款的数量、时间，拖欠款还款协议，延期还款审批单。如有诉讼，还应明确登记诉讼标的、还款方式、生效判决的执行过程等。

3.4.5 公司内部人员激励机制的执行情况，详细记录销售产品、价格、数量、区域等业绩，包括业务员、管理人员、其他业务员、内勤的奖罚结果。

3.4.6 档案应当填写完整的目录并编号，以备查询和资料定位；档案每年分年度清理，整理成电子文档和纸面文档两大类。纸面文档按类装订成固定卷保存。负责管理档案人员应正确、详尽地填写档案封面的各项内容，以便方便、快捷地进行业务操作。

3.4.7 重要文件（包括自制文件）应及时存档。如有必要，可进行多份复制。

3.4.8 出口业务档案按年度业务发票号排放，内销业务档案按客户名称排放。已执行完业务档案归档封存管理。

3.5 客户档案的查阅审批

3.5.1 客户档案由公司档案管理员统一管理。

3.5.2 业务员在提交档案前要认真审核、校对，确保档案的真实准确性。

3.5.3 所有客户档案均需由经办人、部门领导审批签字方可入档。

3.5.4 每位业务员有权随时查阅自己所负责客户的档案记录。

3.5.5 总经理、业务部经理有权查阅公司所有客户的档案记录。其他业务员或经理查阅不属本部负责的客户档案时，需办理"借阅档案申请表"，送销售经理审批后方可。

3.5.6 管理档案人员应注意档案的存放，应在方便取用的同时，注重档案的保密。档案借阅者必须做到：

（1）爱护档案，保持整洁，严禁涂改。

（2）注意保密，严禁擅自翻印、抄录、转借，防止遗失。

3.6 客户档案的增加、修改、销毁

3.6.1 档案管理应当保持动态性，根据新的行业发展趋势、竞争对手的最新动态等，不断地补充新资料。

3.6.2 客户档案存在差错，应当及时地进行修改。对客户档案进行修改前要经过公司总经理的同意批示，并留存修改记录和修改原因。

3.6.3 公司会同大客户关系管理中心及客户信用评级办公室每年召开一次客户档案补充更新专题会，确定年度重点关注的客户名单。每年召开一次营销分析会，并根据客户订单及履行情况，对其进行各类客户档案动态转换。

3.6.4 对错误和过时行业情报、死档进行及时的销毁和删除。由档案管理员填写"档案资料销毁审批表"，提交业务部经理审核，经总经理批准后，指定专人监督销毁。档案管理员应当认真核对，对经批准的"公司档案资料销毁审批表"和将要销毁的档案资料做好登记并归档。

附：销售档案管理流程图（见下页）。

3.7 附则

3.7.1 销售档案管理制度如与公司档案管理制度发生冲突，以公司的制度为准。

3.7.2 档案以具有法律效力的文件纸质文档为主（印章和签字是文件生效的主要标志），电子文档为辅，纸质、电子两种文件一起归档，形成内容相同的两套客户档案。

```
          执行完
业务档案建立 ─────→ 文件归档
                      │
        ┌─────────────┼─────────────┐
        ↓             ↓             ↓
  合同按生产单位   内销客户档案按   外销档案按发票
    及编号排列     客户名称排列      编号排放
                      │             │
                    查阅           销毁
                      ↓             ↓
                外部查阅须经     报公司批准后按文件
                主管经理批准      控制程序执行
```

销售档案管理流程图

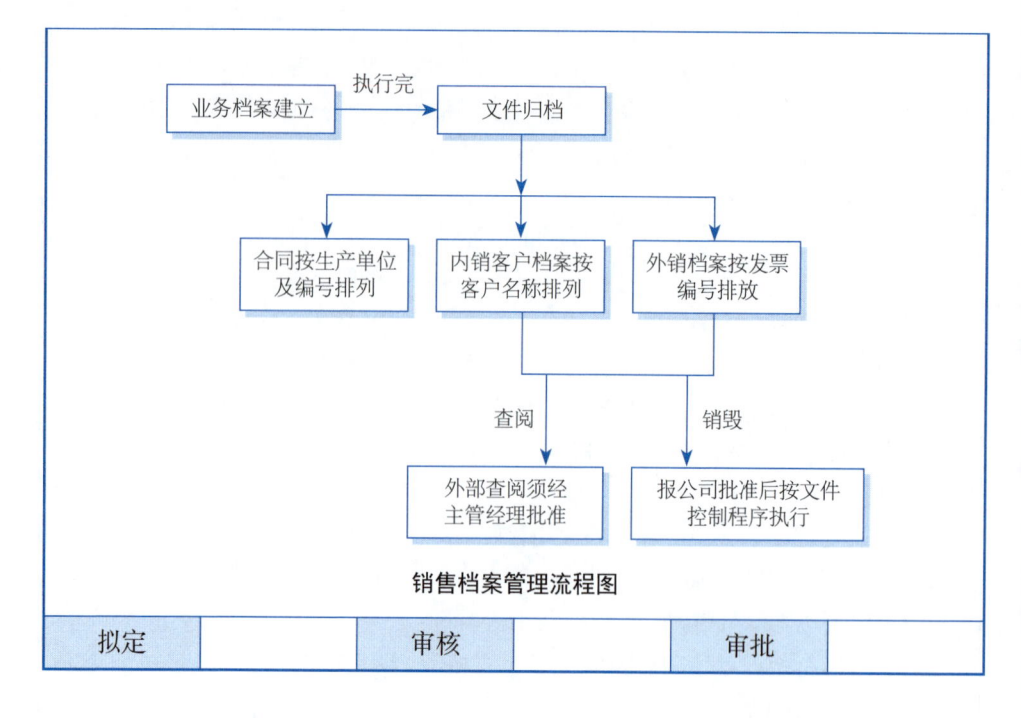

| 拟定 | | 审核 | | 审批 | |

四、CRM 系统管理办法

标准文件		CRM 系统管理办法	文件编号	
版次	A/0		页次	

1. 目的

为了实现公司系统化客户管理，便于公司全员能够及时、合理地维护自身客户，特制定 CRM 系统管理办法。

2. 适用范围

适用于公司全体员工。

3. CRM 信息管理岗位职责

3.1 CRM 系统为公司全体职员客户信息使用平台，主要由公司总部 IT 部、客服部负责日常监督与维护，分公司及总部其他部门进行日常使用及维护。

3.2 总部 IT 部对 CRM 系统进行全方位监管，着重于 CRM 系统运营维护、系统改造；保证 CRM 系统每日正常运行，对突发事件进行及时处理及问题备案。

3.3 总部客服部对 CRM 系统日常更新信息进行监控；将发现的问题进行及时反馈及汇总；对新增客户信息、需修改的客户信息进行审核；对客户关怀及维护所使用客户信息进行分类提取；对客户信息数据定期 / 不定期进行汇总及上报。

3.4 各分公司员工及总部后台其他部门员工可进行 CRM 系统的新增客户录入、旧客户信息修改、客户划款登记、客户划款最终确认、客户信息完善及维护。

4. 管理规定

4.1 CRM 客户信息使用与管理

4.1.1 CRM 系统的作用：客户信息录入，客户划款和确认，客户信息查询，客户信息补充、修改，客户信息数据提取和备案，每日工作日志的撰写、提交和备案。

4.1.2 客户信息录入分为潜在客户信息录入和正式客户信息录入；潜在客户是指未与公司发生交易的单位或个人，对公司提供的产品及服务有需求；正式客户是指与公司发生交易的单位或个人。

4.1.3 潜在客户与正式客户录入则区别在于：潜在客户录入仅要求对名称、客户类别、电话、财富管理师姓名、所在部门、客户来源信息进行完善（客户来源为渠道的，还需要完善渠道类别），正式客户录入则要求对除必填项目以外的客户信息进行完善。

4.1.4 CRM 系统客户划款流程分为客户划款预约和客户划款登记，完成客户划款流程的提交；客户划款预约用于查看客户划款预约或新划款预约，客户划款登记用于查看客户划款登记或新建划款登记。

4.1.5 CRM 系统客户划款要求录入和上传客户划款信息，例如：名称、客户性质、客户证件类型、客户证件编号、预约打款时间、预约金额、产品名称所属供应商、银行总行名称、分行名称、支行名称、划出银行账号等。在划款预约信息填写过程中尚未完善的客户证件编号、银行总行名称、分行名称、支行名称和划出银行账号相关信息，可在客户划款登记中进行完善录入。

4.1.6 客户信息的维护，包括客户信息的查询、客户信息的提取和备档、客户信息的补充和修改。

4.1.7 客户信息可以通过门户切换至 CRM 平台，进入"客户管理"下的"我的客户"中来查询。客户信息分为"我的客户"和"待完善客户"。"我的客户"是展示系统中财富管理师已成交的客户信息，且客户信息完善；"待完善客户"中有一部分是展示系统中财富管理师已成交的客户信息，但客户信息不完善，另一部分是展示潜在客户信息。

4.1.8 客户信息查询的用途：便于公司全员对于个人名下客户信息的查询，包括客户基本信息和客户购买记录等。通过客户信息的查询，可以了解客户当前购买产品持有期间、持有产品特点和客户购买偏好等，对后期客户维护和产品推介提供决策依据。

4.1.9 客户信息数据的提取：通过 CRM 系统平台可以提取公司总部业绩统计汇总表、各分公司业绩统计汇总表、客户产品项目购买情况、产品成立时间、客户打款明细、产品到期时间、客户生日等。

4.1.10 客户信息数据的提取用途：业绩的考核，包括公司总部的业绩考核、各分公司的业绩考核；公司总部、各分公司对客户产品项目购买情况的实时跟踪；客服部对客户产品成立通知、产品到期通知和产品成立告知函的制作；其他相关部门对数据需求的提取使用。

4.1.11 客户信息的补充条件：当客户信息为潜在客户信息时，可进入 CRM 系统"我的客户"中对客户基本信息进行完善和补充。要求录入人员在客户划款登记前对客户基本信息进行完善和补充，当运营部对客户打款登记进行确认后，客户信息将不能进行编辑处理。

4.1.12 客户信息的修改条件：系统中对客户第一次打款确认后，客户信息将从潜在客户直接变为正式客户，此时将不能够进行信息的补充和修改。公司总部及各分公司员工要求对名下客户信息进行补充和信息错误修改的申请，将一律视为信息修改处理。

4.1.13 客户信息的修改流程：公司总部及各分公司员工向部门上级领导提交"客户信息申请修改表"，部门上级领导对"客户信息申请修改表"中的修改内容进行审核和确认，然后提交至营销服务中心客服部进行审核，客服部审核通过后在系统中进行相关内容的修改。

4.1.14 每日工作日志的撰写、提交和备案，可以通过 OA 门户"快捷通道"下的工作日志或"客户管理"下"客户服务管理"的工作日志撰写实现。录入内容包括：直销客户开发和维护、渠道客户维护及新增和今日工作需求及问题。

4.1.15 每日工作日志撰写完成后通过系统平台进行保存并提交，由直接上级进行审批，审核通过后的每日工作日志将进行自动归档。每日工作日志的提交有助于公司总部和各分公司领导对下属员工每日工作情况进行监督和管理。

4.2 离职员工客户信息的管理

4.2.1 离职员工客户信息的管理分为离职员工客户信息的备档和离职员工客户信息的处理。

4.2.2 员工离职后，公司总部相关部门或各分公司上级领导应及时通知营销服务中心客服部，由客服部对离职员工客户信息进行查询、整理和归档。

4.2.3 对离职员工客户信息进行处理后，由营销服务中心客服部客服专员与客户进行沟通，并及时通知客户相关信息，避免客户服务断档，做好客户的后期维护工作。

4.2.4 通知公司总部相关部门或各分公司上级领导对客户后期维护工作进行安排，并指派或安排相应人员与客户进行接洽。

4.3 CRM 系统客户信息和客户利益的分配原则

4.3.1 时间优先原则：客户在未通知业务员的情况下与公司发生交易，客户下挂业务员为多人的情况下，将按照客户信息被录入系统中的时间先后进行客户信息和客户利益的分配，录入客户信息较早者，可获得产品购买提成。

4.3.2 效率优先原则：其一，客户在未通知业务员的情况下与公司发生交易，客户下挂业务员为多人的情况下，首先按照时间优先原则进行筛选，再通过业务员与客户沟通次数、沟通质量以及客户选择意愿进行判断，对客户信息和客户利益进行分配，效率优先者可获得产品购买提成。其二，客户通过与业务员进行沟通，并与公司发生交易，此业务员方可获得产品购买提成。

4.3.3 时间优先原则和效率优先原则对客户信息和利益起到了合理分配的作用，并对分配的结果进行了考量和判断。

4.3.4 禁止内部人员恶性争抢客户信息，要严格按以上原则对客户信息和提成进行合理分配。

4.4 CRM 系统客户信息录入和查询权限

4.4.1 CRM 系统客户信息的录入。

（1）新建客户信息和渠道，录入客户基本信息和新建渠道信息。

（2）新建客户划款预约和客户划款登记，录入客户划款和新建客户的补充信息。

（3）对待完善客户信息进行信息补充和录入，对潜在客户信息进行补充和完善。

（4）每日工作日志的撰写，每日工作日志信息的录入、保存和编辑。

（5）特定部门根据部门层级界定 CRM 系统客户信息的录入内容。

4.4.2 CRM 系统客户信息的查询权限。

（1）客户信息查询，仅能查询到个人名下潜在客户和正式客户详细信息。

（2）待完善客户信息查询，仅能查询到个人名下潜在客户信息。

（3）客户划款预约信息查询，仅能查询到个人名下客户划款预约信息。

（4）客户划款登记查询，仅能查询到个人名下客户划款登记信息。

（5）客户购买记录查询，仅能查询到个人名下客户购买记录信息。

（6）特定部门根据部门人员职务层级界定 CRM 系统客户信息查询的权限，并根据权限指定客户相应信息字段。

4.4.3 保障 CRM 系统客户信息录入和查询安全。

（1）对新增人员的 CRM 系统客户信息录入和查询权限进行审批及授权。

（2）对离职人员 CRM 系统平台账户权限进行及时注销。

4.5 CRM 系统客户信息录入奖惩规定

4.5.1 处罚。

对客户信息录入有以下违规操作行为者给予处罚，违规操作包括但不限于以下行为：

（1）客户信息字段内容录入不完整和错误。

（2）产品成立后在 CRM 系统正式客户中查询不到相应成交客户信息（没有及时在 CRM 系统中录入客户划款登记）。

（3）直销正式客户联系方式非本人。

4.5.2 奖励。

（1）对正式客户信息录入及时准确的人员，以及录入数量前三名人员，在年底给予一次性相应奖励。

（2）对潜在客户数量录入前三名人员，在年底给予一次性相应奖励。

（3）对激活客户数量与潜在客户数量比例居于前三名的人员，在年底给予一次性相应奖励。

拟定		审核		审批	

五、客户关系管理系统（CRM）应用管理办法

标准文件		客户关系管理系统（CRM）应用管理办法	文件编号	
版次	A/0		页次	

1. 目的

为了保证公司 CRM 项目的正常实施，将 CRM 系统有效应用于客户资源的规范管理，提升集团公司的销售管理质量，现结合公司的实际情况制定本管理办法。

2. 适用范围

本管理办法适用于公司所有已开 CRM 账户的营销人员及销售管理人员。

3. 管理规定

3.1 日常使用基本要求

3.1.1 登录要求：所有已开账户人员在工作时间必须每天至少一次登录 CRM 系统，如出差在外则需要保证每周至少两次登录系统，根据自身实际销售情况及时登录更新相关的营销信息。

3.1.2 日常登录 CRM 系统的主要工作内容：跟进落实已录入的线索；查看客户信息并及时地维护客户关系；查看销售机会并更新跟进的实时动态，进行"销售机会"的阶段升迁；录入针对线索、客户或者销售机会等所实施的"一般行动"；及时录入签订合同的销售订单等。所有录入系统的线索/销售机会需要保证一个月至少有一个跟进更新的"一般行动"以记录最新的销售进展，即使客户的购买意向并没有进一步变化或推进，也需要做好记录以方便管理人员查看。公司市场营销部结合实际情况进行 CRM 系统的监督和管理，对连续两周未登录账户的营销人员进行 OA 的不定期通报，并根据各分部的 CRM 管理制度执行相应的经济处罚。

3.1.3 账户新增与注销：如有任何人员新增需要新开账户、人员离职及岗位变动需要注销账户或者人员岗位变动需要调整 CRM 系统权限的，统一由版块管理员在人员新增、离职或者岗位变动的前一个工作日内经由 OA 系统提交"信息系统用户管理及权限变更审批表"，在审批表中列明相应的人员名称、权限变动原因及处理方式，经领导审批后由市场营销部统一实施。对有明显离职倾向的相关人员（含公司管理层、版块负责人、版块管理人员、系统管理人员）可根据情况提前冻结使用权限。

3.2 版块分类与权限设置管理

3.2.1 根据公司的业务情况，公司 CRM 的营销体系分为 10 大版块分别对应公司的业务，各版块的业务和系统信息实行独立管理独立查看的方式，各个版块都只能查看本版块的相关信息，如需要跨版块分配的营销信息，则统一提交公司市场营销部来进行跨版块的分配。

3.2.2 CRM 的营销体系执行严格的权限设置管理制度，根据公司的营销体系构架分为公司管理层、版块负责人、业务人员、版块管理员及系统管理员等五种独立的权限设置。

（1）公司管理层。集团公司副总裁以上人员，可以查看所有版块的营销信息，并给所有版块的业务人员指派相应的"一般行动"。

（2）版块负责人。分子公司董事长、总经理及主管营销的副总经理，可以查看本版块所有业务人员录入的营销信息，并给本版块的业务人员指派相应的"一般行动"，进行本版块的业务分配等。

（3）业务人员。每个版块的业务人员都只能看到本版块自己录入的营销信息。

（4）版块管理员。每个版块均设有 1~2 名版块管理员，可以看到本版块所有业务人员录入的营销信息并进行整体分配和日常维护。

（5）系统管理员。公司设有 2 名系统管理员，可查看和管理所有版块的营销信息。

3.3 管理职能部门及角色职责

3.3.1 集团公司市场营销部作为集团和分子公司 CRM 整体应用的责任部门，设立 2 名 CRM 系统管理员，其主要职责如下：

（1）着重于 CRM 系统的日常运营维护，保证 CRM 系统每日正常运行。

（2）对突发事件进行及时处理及问题备案，并及时地对接公司相应的 CRM 应用需求。

（3）对公司的 CRM 应用情况进行培训指导，日常应用答疑。

（4）进行跨版块营销信息的分配和跟进落实。

（5）其他领导交代的有关 CRM 系统应用的工作。

3.3.2 公司各指定 1 名主管销售的管理人员（副总以上级别）作为本公司 CRM 系统实施项目的负责人，其主要职责如下：

（1）对本公司的 CRM 应用培训、实施效果及进度全权负责。

（2）根据本公司的业务性质和特点制定对应的 CRM 奖惩制度并严格按照要求监督执行。

3.3.3 公司设有 1～2 名版块管理员，其主要职责如下：

（1）本公司 CRM 账户新开与注销或者权限调整的管理。如有任何这些方面的变化，则需要在人员变动的前一个工作日内通过 OA 系统提交"信息系统用户管理及权限变更审批表"，并详细注明人员变动的原因及要求。

（2）对本公司 CRM 系统日常更新的信息进行监控，督促营销人员针对线索、客户及销售机会进行日常跟进，以及一般行动的录入和维护等。

（3）管理业务人员录入的新增客户信息、对重复录入的客户信息进行调整合并。

（4）及时发现和跟进处理有争议的线索或者销售机会、客户资源等。

（5）配合推进 CRM 系统整体应用的其他相关工作。

3.4 客户档案信息录入及管理

3.4.1 业务人员及销售管理人员必须将自己所负责区域的已合作老客户信息以及正联系跟进的潜在客户信息及时准确地录入 CRM 系统，包括客户公司名称、客户级别、客户分类、联系人姓名、联系人电话和爱好等。

3.4.2 录入 CRM 系统的客户信息应当根据客户的变化，及时地调整和维护，以保证信息的准确性，如客户公司联系人有变动，需要在得到消息的第一时间更新 CRM 信息。

3.4.3 客户关系管理系统的数据资料由业务人员自行维护和管理，版块管理员和版块负责人有及时监督和帮助管理的义务，版块管理员需要定期搜查可能重复录入的客户信息并与相关业务人员沟通后做相应的"客户合并"及再次分配等相应的工作。

3.4.4 为了更好地维护客户关系，业务人员需要根据不同客户的分类等级，定期或者不定期地对客户进行电话回访或者上门拜访，以便及时地了解客户的最新需求。针对客户的日常拜访和关系维护信息，需要及时地录入"客户档案"的相关对象，即"一般行动"中，以方便及时记录和后期的拜访跟进。

3.5 线索、销售机会及订单录入及管理

3.5.1 CRM 系统中的线索一般是指还未成为购买客户但是有可能购买的客户，一般来说，它是由市场活动、网络信息、电话咨询、消费者访谈等多种方式获得的最初级的销售线索。所有业务人员及销售管理人员都需要将日常销售工作中得到的对公司产品和服务可能有需求的意向信息及时录入系统，并持续跟进落实。录入的线索必须有明确的联系人和联系电话，并在备注栏写明客户可能有意向的产品需求等细节。与线索初步沟通后确定需要持续跟进的，可以转化为联系人、潜在客户和销售机会。

3.5.2 CRM 系统中的销售机会是指已经过业务人员初步判断和落实、客户需求相对明确的销售意向。所有业务人员及销售管理人员都需要将日常销售工作中得到的有效意向信息及时准确地录入系统，并及时地更新销售机会的阶段、竞争对手状况、潜在客户的特殊需求等信息，以方便营销管理人员能及时了解营销工作的进展情况。

3.5.3 如果针对跟进的 CRM 销售机会已给出客户正式的书面报价，则需要将包含报价时间、交货方式、交货地点等详细信息的书面报价以附件的方式保存在 CRM 销售机会的相关对象中，以方便查看和管理。

3.5.4 对于跟进成功签订合同的销售项目，必须及时准确地录入 CRM 的订单中，订单日期以合同的签订日期为准，以方便及时进行销售工作的总结，未录入 CRM 订单的项目一律不得进行销售提成的核算等。

3.6 客户信息报备和争议处理原则

潜在客户、线索、销售机会等均应在得到信息的第一时间录入 CRM 系统，如果与其他人员录入的信息有冲突，则遵循时间优先和效率优先的两个原则，交由销售管理人员来协调处理。

3.7 销售预测与分析管理

3.7.1 销售预测是业务人员及营销管理人员进行销售业务管理和分析的重要工具，销售预测中的预计签约时间和金额将直接影响到公司前期各项物料的采购准备和资金流的动向，并直接影响到后续的产品交货时间的执行。只有准确的销售数据录入才能完成准确的销售数据分析，并为公司的生产和经营提供有效的依据。

3.7.2 公司的 CRM 营销管理人员需要学会熟练应用 CRM 系统的销售预测及分析管理功能，可以根据 CRM 系统中录入的信息开展客户地区分布分析、潜在客户转化率分析、线索及销售机会来源分析、销售丢单原因总结等营销分析（分析可以是针对单个业务人员也可以是针对某个单一产品，或者针对公司整体业绩的），并能应用准确的分析预测来管理和指导公司的销售活动。

3.8 安全与保密管理

3.8.1 公司所有人员（包括相关的管理人员和销售人员）必须对公司的客户资源、线索及商机信息等绝对保密，不得将相关信息泄露给无关人员。

3.8.2 对有明显离职倾向的相关人员（含公司管理层、版块负责人、版块管理人员、系统管理人员），可根据情况提前冻结使用权限。

3.8.3 如一旦发现有相关人员泄露公司商机信息，该人员将受到公司的严厉惩罚，包括经济处罚、开除甚至追究法律责任。如因公司员工泄露相关信息而给公司造成相应经济损失的，将依法追究其经济责任。

3.9 奖励与惩罚管理

3.9.1 集团市场部负责按照 CRM 推进计划对公司 CRM 应用情况进行不定期的考核评分，并不定期地以 OA 公告的方式公布不按期登录的人员名单，如有连续三次考核评分不达标或者在未按期登录名单中出现，则由公司市场部拟定相应的针对业务人员、版块管理员或版块负责人的奖惩方案，报经公司领导审核后公布实施。

3.9.2 公司依据本公司产品或服务销售的特点，自行制定针对业务人员 CRM 应用的奖惩细则并按要求严格执行，以保证 CRM 系统的顺畅有效运行。

3.9.3 公司业务人员跟进的所有商机都必须及时地录入到系统中并更新营销进展情况，凡是系统中无记录的客户成交后，一律不记取该营销人员的销售业绩、销售提成及相关奖金，直至 CRM 相关信息补充完善。

| 拟定 | | 审核 | | 审批 | |

第三节 客户信息管理表格

一、客户归类汇总表

客户归类汇总表

序号	公司名称	联系人	职务	联系方式	公司地址	所属行业	客户类型	客户等级

二、客户资料卡

客户资料卡

企业名称			电话		网站		
所在地址			邮箱		QQ/微信		
企业决策领导	姓名		出生年月		家庭住址		
	性别		籍贯		电话		
	职务		性格		嗜好		
主要管理人员	姓名	年龄	学历	部门	职务	嗜好	与决策层关系	备注
经营范围								

续表

主要竞争对手	公司名称		地址		性质		负责人	经营范围

本公司产品竞争对手	货源		地址		价格		进货量	所占比例

销售情况	客户	行业	责任业务员	政策	用量	技术要求	竞争对手

财务	开户行		财务状况	
	资产负债率		资产收益率	

与本公司合作情况	时间	提货量	价格	金额	任务进度	回款	相对合同价格浮动

备注	

三、客户业绩统计及信用评估表

客户业绩统计及信用评估表

客户名称：

销售序号	合同号	合同存异与变更情况	信用评估	提货量	提货日期	货物价款	货款回收	回收日期	信用评估	累计销售	累计回款	当期信用评估	上年同期信用
合计													

四、客户综合销售力分析表

客户综合销售力分析表

评估要素		1月				2月				……				12月			
^		4	3	2	1	4	3	2	1	4	3	2	1	4	3	2	1
公司体制																	
销售管理																	
人事制度																	
员工培训																	
业务员	数量																
^	业务素质																
^	人均销售额																
客户	数量																
^	水平																
^	客情																
^	平均用量																
促销	方式技巧																
^	广告宣传																
公共关系	企业形象																
^	政府																
^	媒体																
售后服务	库存管理																
^	配货能力																
^	投诉处理																
^	技术服务																
与本公司关系	上年计划完成																
^	本年计划完成																
^	代理市场占有率																
^	销售潜力																
^	信用度																
合计																	

五、客户统计表

客户统计表

产品	地址	客户数	销售额	平均每家年销售额	前三名客户名称及销售额					
					名称	金额	名称	金额	名称	金额

六、客户销货统计表

客户销货统计表

日期：

客户编号	客户名称	销货金额	退货金额	销货净额	欠款额	备注

经理：　　　　　　　　主管：　　　　　　　　制表：

七、客户投诉管理卡

客户投诉管理卡

客户名称						
投诉时间		投诉主题		投诉人		接诉人
回复时间		处理人		回复人		
投诉内容						
投诉分析						

续表

处理办法	
处理结果	
客户反应	
备注	

八、客户信息查阅申请表

客户信息查阅申请表

编号		日期		经办人	
查阅人信息	姓名		部门		职务	
	电话		E-mail		其他	
查阅对象	
查阅方式	
查阅时限	开始日期			完成日期		
查阅理由	
查阅人部门经理审核	签字：　　　　　　　　　　日期：
客户服务管理部初审	签字：　　　　　　　　　　日期：
客服中心总经理审核	签字：　　　　　　　　　　日期：
信息查阅事项	签字：　　　　　　　　　　日期：

注意事项：（1）各相关部门在利用信息过程中，须严格执行客户信息保密制度。
　　　　　（2）客户服务部对信息利用过程中的保密工作进行监督检查。

九、借阅档案申请表

借阅档案申请表

申请部门		申请人	
借阅原因			
借阅档案名称		档案编号	
审批		日期	

十、档案资料销毁审批表

档案资料销毁审批表

申请部门		申请人	
销毁原因			
销毁档案名称		档案编号	
审核		批准	

第八章

大客户管理

第一节　大客户管理要点

大客户又被称为重点客户、主要客户、关键客户、优质客户等，是指对产品（或服务）消费频率高、消费量大、客户利润率高而对企业经营业绩能产生一定影响的要害客户，而除此之外的客户群则可划入中小客户范畴。

一、做好大客户的界定

对大客户的识别、开发与持续经营，已经成为行业竞争的焦点。尽管不同企业对大客户的定义不同，但是作为大客户至少应包含以下元素之一：

（1）与本公司事实上存在大订单并至少有 1～2 年或更长期连续合约的，能带来相当大的销售额或具有较大的销售潜力。

（2）有大订单且是具有战略性意义的项目客户。

（3）对于公司的生意或公司形象，在目前或将来有着重要影响的客户。

（4）有较强的技术吸收和创新能力。

（5）有较强的市场发展实力等。

二、做好大客户的识别

识别大客户是大客户管理中的关键一环。

1. 确定研究目标

通过客户资料的收集、分析，找出大客户，实施对大客户的个性化管理，并对大客户服务进行跟踪，及时地改进服务，保持大客户的忠诚。所需收集的信息主要有：客户最近一次消费、消费频率、消费金额。

2. 发展信息来源

企业应建立多渠道的、便于客户与企业沟通的信息来源，如销售中心、电话、呼叫中心、电子邮件、企业的 Web 站点、客户座谈会等。

3. 客户信息收集

通过上述来源进行信息收集，包含的内容主要有姓名、性别、年龄、职业、住址、电话、电子邮件等客户个人信息；如果客户是企业，则需了解该企业经营战略、生产规模、产品品种、销售收入、资信级别、经营状况、发展瓶颈等企业基本信息，客户的消费频率、消费金额、最近一次消费时间、消费品种、客户的还价能力、关注重点、购买习惯等客户的购买历史信息，客户对实体产品的功能、品种、规格、价格等方面要求的需求信息，对服务产品多样性、及时性、便利性等方面要求的需求信息，客户对企业的产品或服务不满的投诉信息。

4. 客户信息分析

对消费金额的分析可以让企业了解每个客户在周期内投入本企业产品或服务的花费，这一指标是所有指标的支柱。消费频率，即在限定期内的购买次数，最常购买的客户是满意度最高、忠诚度最高的客户。将消费频率与消费金额结合起来分析，可以计算出客户为企业所投入的花费，为企业创造的利润；将消费频率与最近一次消费结合起来分析，可以找出流失的客户。通过对最近一次消费的分析，企业可以了解客户最后一次交易的时间距离现在有多久。最后一次消费是维系客户的一个重要指标，企业要以定期检查这一信息来跟踪客户的忠诚度，并及时地调整服务从而与大客户保持长期的良性的接触。

企业的经营是动态的。企业与客户之间的关系也是动态的。因此，企业管理者在实施大客户管理时应意识到，识别大客户是一个动态的连续的过程。一方面，现有的大客户可能会因为自身的原因或企业的原因而流失；另一方面，又会有新的大客户与企业建立关系。企业应对大客户的动向做出即时反应，既避免现有大客户的流失，又及时地对新出现的大客户采取积极的行动。

三、提升大客户忠诚度

企业要防止大客户"跳槽"，最根本的是提升大客户的满意度，进而形成忠诚度。通过建立战略合作伙伴关系，有利于形成长久合作机制；通过策略化运作可以稳固日常合作关系，二者结合才能"长治久安"。根据经验，防止大客户"跳槽"的主要措施如下：

1. 在企业内建立大客户管理部门

组建专业管理部门，并实现组织管理职能，这在通信、邮政、银行等很多行业都已实施。为更好地管理大客户，有必要建立下面的工作组织职能链条：企业→大客户管理部门→交叉工作组→大客户。其实，很多跨国公司也是这样做的，比如办公设备巨头施乐公司，公司拥有 250 个大客户，与这 250 个大客户之间的业务就是由大客户管理部来处理的，而其他客户的管理工作，则由一般的销售队伍来做。

2. 采取最适应的销售模式

大客户与企业的合作具有一定的特殊性，体现在模式创新性、价格特殊性、服务紧密性等诸多方面。而这些特殊性就要求企业最大程度地接近大客户，掌握客情需求，为此很多销售模式应运而生，诸如以直销为基本特征的俱乐部营销、顾问式销售、定制营销等，这对于把握对大客户的时间投入、精力投入、信息收集、个性化策略制订以及个性化服务大有裨益。

3. 建立销售激励体系

企业必须为大客户建立销售激励政策，通过激励使其更加感觉到合作的"甜头"。其实，很多企业把客户划分为关键客户、重点客户、一般客户等几个级别加以管理，并根据不同级别制定不同的管理政策，目的就是对那些对企业贡献度高的客户予以激励，包括物质激励（如资金、实物等）和精神激励（荣誉证书、牌匾等）。

4. 建立信息管理系统

企业有必要引入大客户管理系统，以大客户的信息资料为基础，围绕大客户进行大客户发展分析、大客户价值分析、大客户行为分析、代理商贡献分析、大客户满意度分析、一对一大客户分析等工作，使决策层对大客户的发展趋势、价值取向、行为倾向有一个及时准确的把握，并对重点大客户进行一对一的分析与营销。

5. 建立全方位沟通体系

大客户管理部门中的大客户营销人员、客户经理及其主管要定期或不定期地主动上门征求意见，客户经理随时与大客户碰面，能够随时发现大客户的潜在需求并及时地解决。根据企业实际，也要定期组织企业高层领导与大客户高层之间的座谈会，努力与大客户建立相互信任的朋友关系及互利双赢的战略合作伙伴关系，这样有利于化解渠道冲突。

6. 不断分析研究大客户

管理大客户要坚持"动态分析，动态管理"的原则，把握大客户动态的同时，也要不断创新大客户管理机制。大客户分析包括大客户发展分析、大客户服务分析、大客户流失分析、大客户费用分析、大客户价值分析、大客户经理分析等方面，这是进行大客户管理决策的基础，也可以"防患于未然"。

7. 提升整合服务能力

提升整合服务能力应以客户为导向，包括以下内容：量身打造服务模式（如顾问服务、驻扎服务）；建立服务沟通平台（如网络、电话等）；开通大客户"绿色通道"（为大客户提供便利措施）；强化基本服务（基本服务项目保障）；提供增值服务（不断为客户创造产品之外的新价值）；建设企业服务文化（企业内部文化传播和对客户传播企业文化）；提供完善的服务解决方案，等等。

第二节 大客户管理制度

一、大客户综合管理制度

标准文件		大客户综合管理制度	文件编号	
版次	A/0		页次	

1. 总则

1.1 目的

为了与大客户建立日常沟通机制，实现双向式的信息共享，通过信息交换在第一时间发现问题并加以解决，提高大客户服务水平，增加销售额，提高经济效益，特制定本制度。

1.2 适用范围

本制度适用于企业市场部、客户服务部、大客户部的大客户管理工作。

2. 大客户的定义及分级

2.1 大客户的定义

本制度所指大客户包括在全国范围内与本企业进行广泛而密切合作的××产品生产企业。其特征是商品有较高的品牌竞争力和市场占有率，在市场竞争中支持本企业且给予最优惠政策，本企业经营其商品可以获得较高的投入产出比。

2.2 确定大客户的原则和标准

2.2.1 其商品（品牌）具有较高的知名度。

2.2.2 其商品（品牌）市场占有率较高。

2.2.3 其商品销售利润率较高。

2.2.4 与本企业的配合状况良好（包括日常沟通和销售支持）。

2.2.5 优先保证本企业的货源。

2.2.6 优先保证本企业首销或新品及时上柜。

2.3 大客户的分级

2.3.1 普通大客户：是指本企业每年向其采购的产品金额在 500 万元以上、2000 万元以下的客户。这类客户并非本企业的主要供货商，但他们的产品是本企业不可或缺的。

2.3.2 伙伴式大客户：是指本企业每年向其采购的产品金额在 2000 万元以上、5000 万元以下的客户。这类客户不但是本企业的主要供货商，而且是本企业的重要合作伙伴。本企业与这些客户进行合作生产、品牌共建。

2.3.3 战略性大客户：是指本企业每年向其采购的产品金额在 5000 万元以上的客户。这类客户与本企业同步发展，他们的发展战略和本企业的发展战略有着密切的关系，双方甚至建立了合作办公室，以求共同发展。

2.4 大客户的管理

企业专门成立大客户部对大客户进行统一管理。

3. 大客户部的组成、权力和地位

3.1 大客户部的组成

大客户部由首席谈判专家、法律顾问、财务专家、高级培训师、技术工程师、大客户部经理、市场调查分析员、客户服务专员等组成。

3.2 大客户部的权力

大客户部在和企业其他部门（如财务、物流、市场、采购等）的沟通协调中享有特权。

3.3 大客户部的地位

大客户部在企业中的地位如下图所示。

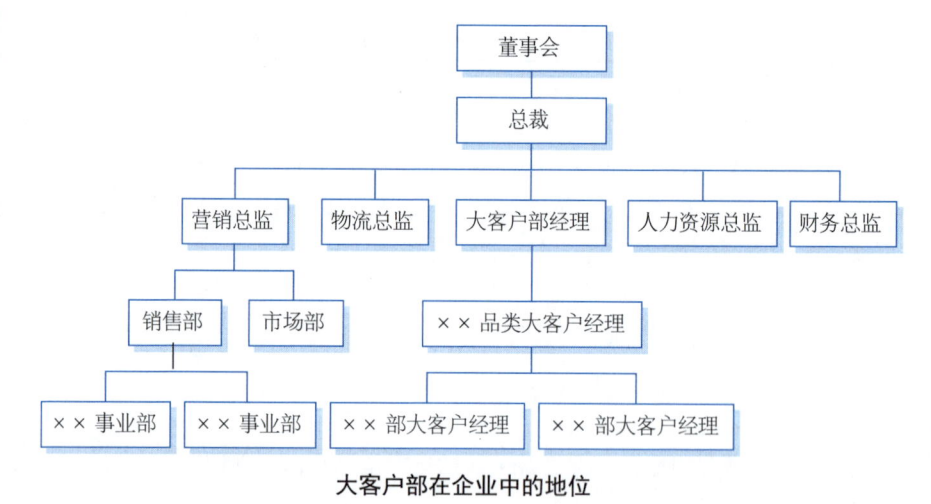

```
                    董事会
                      │
                     总裁
                      │
   ┌──────┬──────────┼──────────┬──────┐
营销总监  物流总监  大客户部经理  人力资源总监  财务总监
   │                  │
┌──┴──┐         ┌─────┴─────┐
销售部 市场部    ××品类大客户经理
   │                  │
┌──┴──┐         ┌─────┴─────┐
××事业部 ××事业部  ××部大客户经理 ××部大客户经理
```

大客户部在企业中的地位

4. 大客户合作的基本模式

4.1 数据共享

在一定范围内，企业向大客户开放销售数据、库存数据，使大客户及时掌握商品销售情况，进而及时组织货源。

4.2 信息共享

企业与大客户共享市场信息，便于双方及时地把握市场动态，便于双方企业管理层作出正确决策。

4.3 共同营销

企业与大客户通过整合双方的营销资源提高市场资源的利用效率，从而达到双赢的目的。

4.4 终端合作

企业与大客户进行终端合作，可加强对销售终端的开发利用，提高对市场变化的反应能力。

5. 大客户档案的建立

5.1 基本信息

5.1.1 客户的电话、地址、传真、电邮。

5.1.2 采购员、采购经理、采购总监、财务总监、销售经理、配送经理、总经理、董事长等各层次人员的权限、联系方式、性格及爱好等。

5.2 重要信息

5.2.1 客户企业组织架构、发展历史、经营目标、发展方向。

5.2.2 客户产品定位、销售状况、资源状况、竞争对手状况、供应商状况。

5.2.3 客户商品的市场占有率及行业排名、市场价格维护及价格变化。

5.2.4 客户主流商品的功能、外观及技术设计的适销性。

5.3 过程管理信息

5.3.1 谈判过程记录、谈判参与人。

5.3.2 谈判双方达成的协议。

5.3.3 客户订购产品、库存增减情况记录。

6. 大客户管理

6.1 共赢营销管理

6.1.1 共赢营销的目的：深化管理，充分发挥销售系统的作用，提高销售额。

6.1.2 共赢营销的形式：企业销售部、各产品事业部与客户市场部、销售部、信息部建立共同营销网络，共同组织、策划、实施市场营销活动。

6.2 共赢营销的基本步骤

6.2.1 要求大客户提供资料信息。

（1）大客户市场部的组织结构、负责人、联系方式。

（2）大客户市场部的主要权力。

（3）与大客户合作的广告企业相关人员的信息。

（4）大客户委托的责任人联系方式和权限。

6.2.2 向大客户提供我方销售系统的资料信息。

（1）我方市场部的组织结构。

（2）我方市场部的主要职能和负责人的联系方式。

（3）我方将推出的重要活动的安排。

（4）我方策划的季节性商品促销活动的简要日程。

6.2.3 向大客户提供我方营销规划。

（1）重要促销活动的要求。

（2）主要庆典活动的促销初步规划。

（3）应季商品促销活动的初步规划及要求。

6.2.4 要求大客户提供阶段性市场规划。

（1）每年年初，要求大客户提供年度市场规划。

（2）每月月初，要求大客户提供阶段性促销计划。

（3）每季度初，要求大客户提供阶段性的软性广告、硬性广告计划。

（4）要求大客户提供年度、季度整体营销活动投入费用计划。

（5）要求大客户提供主推商品、应季商品、新品发布等不同商品促销方案。

（6）要求大客户提供有关市场宣传方面的发布会计划。

（7）要求大客户提供日常促销活动计划。

（8）要求大客户提供包销定制、主推、畅销商品的明细、促销计划及促销费用支持计划。

6.2.5 共同设计、确定日常促销方案。

（1）联合推出软性广告、硬性广告计划。

（2）共同提出促销活动场地、商品陈列展示等要求。

（3）共同制订宣传单页、DM 单页的设计方案。

（4）共同制订活动投入费用计划。

6.2.6 与大客户进行信息交流。

（1）每月向大客户提供销售信息，反映存在的问题。在向大客户开放相关数据资料的同时要求大客户也向本企业提供相应的市场反馈信息，形成月报制度。月报信息的内容如下表所示。

月报信息的内容

月报信息	具体内容
企业报给大客户的月报信息	（1）企业商品在全国的销量及排名，在本地区的销量及排名 （2）企业商品的阶段性市场占有率、企业商品的主要竞争对手情况
大客户报给企业的月报信息	（1）企业主要竞争对手的销售状况 （2）企业竞争对手销售大客户商品的型号和结构分析

续表

月报信息	具体内容
大客户报给企业的月报信息	（3）企业包销定制产品、特价产品、推出新品的优劣势情况 （4）大客户各地的库存情况及订货要求 （5）大客户对本企业的销售要求、改进建议

（2）通过信息交流，双方可针对商品结构、品牌定位、单品管理及库存滞销情况共同制订营销策略，促进销售。

6.3 共赢营销的主要方式

6.3.1 共同推出软性广告。

6.3.2 共同组织现场促销活动。

6.3.3 共同制定市场价格体系。

6.3.4 共同组织新品发布会、新闻发布会。

6.3.5 共同解决合作中存在的问题。

6.3.6 共同策划促销广告方案。

6.3.7 共同研究、制订新品的开发、生产、销售方案。

7. 大客户服务管理

7.1 大客户服务措施

建立大客户服务系统，由专人负责大客户的各项服务工作，为大客户提供个性化、全方位的服务。

7.2 大客户服务管理的原则

大客户服务管理应坚持"动态分析，动态管理"的原则，在掌握大客户动态的同时，不断创新大客户服务管理机制；开通大客户"绿色通道"（为大客户提供便利措施），为大客户不断提供增值服务（为客户创造产品之外的新价值）。

拟定		审核		审批	

二、大客户部管理制度

标准文件		大客户部管理制度	文件编号	
版次	A/0		页次	

1. 目的

为了与大客户建立日常沟通机制，实现双向式的信息共享，通过信息交换在第一时间发现问题并加以解决，提高大客户服务水平，规范大客户管理部人员的工作，提高销售额，增加销售效益，特制定本制度。

2. 大客户部门职能

2.1 部门职能

2.1.1 对大客户部拓展区域内的企业、事业、政府机关、大型单位团体的拓展推广服务。

2.1.2 组织完成本部门各项目标，确保时效性。

2.1.3 组织对具有需求量大、持续购买周期长特征的政府采购用户、企业用户进行公共关系维护。

2.2 主要职责

2.2.1 制订月度、季度、年度拓展计划，进行目标分解，并执行实施。

2.2.2 大客户人员每周、每月、每季度任务的制订与监督。

2.2.3 外埠拓展工作计划的制订、执行与监督。

2.2.4 建立客户资料档案、收集大客户信息。

2.2.5 合理地进行大客户部的预算控制。

2.2.6 研究掌握大客户的需求，充分调动其积极性。

2.2.7 统计月度、季度、年度的业绩，并进行汇总及分析。

2.2.8 制订部门人员的提成方案，每月制作人员的提成结算预案。

3. 大客户部组织架构与职位说明

3.1 大客户部组织架构

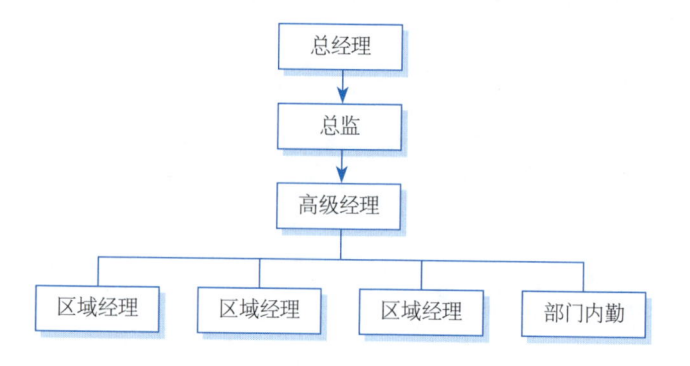

```
           总经理
             │
             ▼
            总监
             │
             ▼
          高级经理
   ┌────────┼────────┬────────┐
 区域经理  区域经理  区域经理  部门内勤
```

3.2 总监岗位职责

3.2.1 负责部门工作计划、目标的制订、检查，以及部门员工的考评工作。

3.2.2 对大客户部人员配置、人员结构的合理性负责。

3.2.3 负责大客户具体业务的决策工作，签订采购合同。

3.2.4 制订大客户公关策略、外埠拓展策略及组织市场开发。

3.2.5 拟定年度大客户销售计划。

3.2.6 负责健全部门组织架构，对部属执行分工授权、检查、报告制度，对其业绩进行评估，做到一专多能，责任到人，合理调配，以保证部门各项工作业务的完成，树立专业团队意识。

3.2.7 组织建立完整的客户档案，确保大客户部人员离职后客户不丢失。

3.2.8 定期向直接上级述职。

3.2.9 向直接下属授权，布置工作。

3.2.10 负责直属下级任用的提名。

3.2.11 制定部门工作流程和规章制度，报批通过后实行。

3.2.12 制定直接下级职务说明，并界定下级的工作范围。

3.2.13 处理紧急突发事件。

3.3 内勤岗位职责

3.3.1 协助部门日常工作。

3.3.2 负责档案管理，包括留存客户信息和活动信息，建立电子档案，起草审核相关业务协议、通知、邮件等文件，处理来往函件。

3.3.3 负责收集政府采购信息，制作投标文件，参与投标过程。

3.3.4 负责向已合作的大客户进行后期维护。

3.3.5 负责客户关系处理及个别事情的应变协调。

3.4 大客户部区域经理岗位职责

3.4.1 根据大客户部门的目标，进行大客户的业务拓展工作。

3.4.2 定期参加产品知识培训和销售工作有关的其他培训。

3.4.3 每周总结自己的工作进展情况，定期进行工作汇报总结。

3.4.4 听从上级指示，执行上级分派的其他工作。

4. 大客户部培训制度

4.1 试用期员工的培训

4.1.1 公司管理制度的培训。

4.1.2 产品知识了解培训。

4.1.3 公司企业文化培训。

4.2 在职培训

4.2.1 定期参加专业知识培训。

4.2.2 定期开展部门内的交流会。

4.2.3 公司例会。

4.2.4 定期进行岗位职责考核。

5. 大客户部工作流程

5.1 工作流程的统一规定（根据具体情况再定）。

5.2 政府采购的工作流程（根据具体情况再定）。

5.3 外埠拓展工作流程（根据具体情况再定）。

6. 大客户部保密制度

公司各项管理制度及客户信息档案属于公司的保密事项，大客户部全体员工对于公司各项管理制度及客户信息档案负有对外保密的义务，因个人原因而泄露公司秘密，造成严重后果的，须承担相应的法律责任。

7. 绩效考核

7.1 考核周期

7.1.1 季度考核，当季考核于季度结账日结算。

7.1.2 年度考核，当年考核于次年1月15日之前进行。

7.2 考核内容

7.2.1 大客户销售任务完成情况。

7.2.2 考核期内大客户开发数量。

7.2.3 考核期内大客户的流失情况。

7.2.4 大客户销售合同履行情况和回款情况。

7.2.5 大客户关系管理。

7.2.6 大客户投诉解决处理情况。

7.2.7 大客户信息管理、保密情况。

拟定		审核		审批	

三、大客户信息管理办法

标准文件		大客户信息管理办法	文件编号	
版次	A/0		页次	

1. 目的

为保证公司对大客户的管理规范化、有效化，特制定本办法。

2. 适用范围

适用于本公司大客户的信息管理。

3. 管理规定

3.1 大客户信息管理。

3.1.1 大客户档案的建立。

（1）每发展、接触一个新大客户，均应建立客户档案。

（2）客户档案应标准化、规范化，包括客户名称、法定代表人、地址、邮箱、电话、微信、经营范围、注册资本、产业地位等内容。

3.1.2 大客户档案的更新、修改。

（1）大客户的重大变动、与本公司的业务交往，均须记入档案。

（2）积累大客户年度业绩和财务状况报告。

3.2 公司各部门与大客户单位接触的重大事项，均须报告大客户经理及销售副总，不得局限在销售经理或业务人员个人范围内。

3.3 遵守客户信息保密制度。客户信息、经营数据、合作协议、资金往来、财务数据等机密直接关系到企业利益，每位员工都有保守企业经营机密的义务。不得随意透露客户资料、经营数据、合作协议等相关信息。员工调离公司时，不得带走大客户资料，交接人应会同大客户经理接收、整理、归档其客户资料。

3.4 设定大客户信息查阅权限制，未经大客户经理许可，不得随意调阅大客户档案。

3.5 客户资料分为交易往来客户原始资料和交易往来客户一览表两种，前者存于大客户经理处备用，后者可分配到具体负责的销售经理使用。

3.6 按严格的登记程序，向大客户经理借阅交易往来客户资料，大客户经理对于资料保管应尽职尽责，避免资料污染、破损和遗失。

3.7 大客户经理应一年两次定期调查交易往来客户，如果有变化，应在交易往来客户名册及交易往来客户一览表中记录和修正。

拟定		审核		审批	

四、大客户信用管理制度

标准文件		大客户信用管理制度	文件编号	
版次	A/0		页次	

1. 总则

1.1 目的

为了与大客户建立日常沟通机制，实现双向式的信息共享，通过信息交换在第一时间发现问题并加以解决，提高大客户服务水平，规范大客户管理部人员的工作，提高销售额，增加销售效益，特制定本制度。

1.2 目标

使公司的大客户工作开展规范化、标准化、高效化。

1.3 原则

法规性原则、继承性原则、系统性原则、唯一性原则、协调性原则、确定性原则、可操作性原则、制衡性原则、适宜性原则、创新性原则、相似性原则、可逆性原则。

1.4 侧重点

使公司大客户管理部各项工作能够顺利开展，大客户管理部的价值得到充分发挥，使工作更加科学化、规范化。

2. 适用范围

本制度适用于公司大客户信用管理事宜。

3. 术语

3.1 信用管理

提供信用的一方利用管理学的方法来解决信用交易中存在的风险问题。信用管理的主要职能包括识别风险、评估风险、分析风险，并在此基础上有效地控制风险，用经济、合理的方法综合性地处理风险。

3.2 大客户分级

3.2.1 一级客户：指年销售额在××万元以上，回款信誉好的客户。

3.2.2 二级客户：指年销售额在××万元以上××万元以下，回款信誉较好的客户。

3.2.3 三级客户：指年销售额在××万元以上××万元以下增长潜力较大的客户。

3.2.4 四级客户：指年销售额在××万元以上××万元以下增长潜力较小的客户。

3.3 大客户选择原则

3.1.1 大客户须达到较高的诚信度，具有较强的财务能力和较好的信用。

3.1.2 大客户须具有积极的合作态度。

3.1.3 大客户须遵守双方在商业和相关业务技术上的保密原则。

3.1.4 大客户的成本管理和成本水平必须符合公司要求。

3.4 大客户选择程序

3.4.1 一般调查。

了解该客户概况、最新年度决算表等文件，与该客户的负责人交谈，进一步了解其经营情况、经营方针和对本公司的基本看法。

3.4.2 实地调查。

根据一般调查的总体印象作出总体判断，衡量新客户是否符合上述基本原则。在此基础上，会同大客户经理、大客户主管等对新客户进行实地调查，调查结束后，提交客户认定申请表。

4. 信用管理职能
4.1 识别销售业务风险

风险	1	销售计划缺乏或不合理，或未经授权审批，导致产品结构和生产安排不合理，难以实现企业生产经营的良性循环
	2	现有客户管理不足、潜在市场需求开发不够，可能导致客户丢失或市场拓展不力
	3	客户档案不健全，缺乏合理的资信评估，可能导致客户选择不当、销售款项不能收回或遭受欺诈，从而影响企业的资金流转和正常经营
	4	定价或调价不符合价格政策，未能结合市场供需情况、盈利测算等进行适时调整，造成价格过高或过低、销售受损
	5	合同内容存在重大疏漏和欺诈，未经授权对外定立销售合同，可能导致企业合法权益受到侵害
	6	销售价格、收款期限等违背企业销售政策或不符合合同约定，可能导致企业经济利益受损
	7	企业信用管理不到位、结算方式选择不当、票据管理不善、账款回收不力、收款过程中存在舞弊等导致销售款项不能收回或遭受欺诈
	8	客户服务水平低，消费者满意度不高，影响公司品牌形象，造成客户流失
	9	缺乏有效的销售业务会计系统控制，导致企业账务混乱，影响销售收入、销售成本、应收款项等会计核算的真实性和可靠性

4.2 销售业务关键控制点

控制事项	要控制的关键点
销售计划	（1）订立并审批销售计划，根据市场变化做好调整工作 （2）制订完善的销售计划实施方案
价格管理	（1）确立合理的产品定价机制 （2）制定规范的价格政策并严格执行 （3）灵活使用销售折扣、销售折让等价格策略
客户开发与评价	（1）进行完善的市场分析，选择有效的销售渠道 （2）制定规范的客户评价标准
合同订立	（1）建立完善的销售合同制定、签署、审核机制 （2）准确分析销售合同，规范合理地安排生产、供货等工作 （3）在财会、法律人员的参与下完成重大销售合同的签订工作
发货管理	（1）建立规范、严密的发货审核控制流程 （2）选择合适的发货运输方式并保持跟踪
收款管理	（1）建立应收账款信用政策，加强赊销管理 （2）建立灵活完善的坏账预警机制 （3）规范收款管理流程，制订完善的收款管理执行方案
售后服务	（1）建立完善的售后服务规范 （2）制定完善的销售退回政策并严格执行

4.3 相关岗位职责

岗位名称	岗位职责	不相容岗位职责	绩效要求	报表需求	权限划分		
					管理权限	信息系统权限	
						OA 协平	KM
直属领导／销售部经理	（1）制定企业销售管理规章制度 （2）制定销售价格、赊销及折让政策 （3）制订企业销售计划及费用预算 （4）制订企业销售格式合同 （5）参与制定企业信用政策及客户信用等级标准 （6）核定客户信用额度 （7）负责超出销售业务员权限的销售谈判 （8）审核确认发货通知单 （9）审核客户退货申请 （10）审核销售台账	（1）审核企业销售管理规章制度 （2）审核销售价格政策 （3）审核企业销售计划及费用预算 （4）签订销售合同 （5）受理客户退货申请 （6）设置销售台账	建立客户体系（客户主数据归档、合同归档）	复核	复核	复核
财务经理	（1）审核企业信用政策及客户信用等级标准 （2）审核应收账款账龄分析表 （3）审核坏账准备的计提 （4）审核销售发票 （5）审核退货凭证	（1）制定企业信用政策 （2）制定客户信用等级标准 （3）编制应收账款账龄分析表 （4）调查客户信用 （5）计提坏账准备 （6）分析应收账款款龄	建立客户体系（客户主数据归档、合同归档）	核实	核实	核实
销售总监	（1）审核企业销售管理规章制度 （2）审核企业信用政策 （3）审核销售价格、赊销及折让政策 （4）审核企业销售计划及费用预算 （5）审核企业销售格式合同 （6）审核信用额度以外的销售合同 （7）审核客户信用等级标准 （8）负责超出销售经理权限的销售谈判	（1）制定企业销售管理规章制度 （2）制定销售价格、赊销及折让政策 （3）制订企业销售计划及费用预算 （4）直接参与日常业务的销售谈判 （5）制定企业销售格式合同 （6）设置销售台账	建立客户体系（客户主数据归档、合同归档）	建议	编制	编辑

续表

岗位名称	岗位职责	不相容岗位职责	绩效要求	报表需求	管理权限	信息系统权限 OA 协平	KM
法律部经理	（1）协助制定销售格式合同 （2）审查重要的销售合同协议 （3）针对催收无效的逾期账款制定诉讼方案，进行诉讼活动	催收应收账款	建立客户体系（客户主数据归档、合同归档）		审核	审核	审核
审计部经理	审核关键控制环节、政策、折扣、信贷、结算方式及账期，对主要风险点及管控环节的升级制度、流程	（1）货款结算方式及账期 （2）合同执情况 （3）合同流程符合内控 （4）合同流程不符合内控 （5）流程升级意见已填写	建立客户体系（客户主数据归档、合同归档）		复核	复核	复核
副总经理	（1）审核是否符合经营管理目标、经营政策，是否经过实地考察 （2）审核合同金额、折扣、享受政策、信贷、结算方式及时间、客户信誉度等，审核合同文本的合法性、完整性	（1）符合经营管理目标和经营政策 （2）此客户已实地考察 （3）此客户未实地考察	建立客户体系（客户主数据归档、合同归档）		建议	建议	建议
总经理	（1）审核非标准折扣合同，是否符合经营管理目标、经营政策，是否经过实地考察 （2）审批合同金额、折扣、享受政策、结算方式及时间、客户数据、信贷、留档资料等	（1）符合经营管理目标和经营政策 （2）此客户已实地考察 （3）此客户未实地考察 （4）客户数据、资料需在档案室留档 （5）同意签订 （6）不同意签订	建立客户体系（客户主数据归档、合同归档）		审批	审批	审批

续表

岗位名称	岗位职责	不相容岗位职责	绩效要求	报表需求	管理权限	信息系统权限 OA 协平	KM
申请人／印章管理员	申请人：合同流程确认打印，发邮件至对方签字盖章，合同返回后审核印章种类、签字及代签、授权书、签订日期、附件、补充协议、骑缝字、骑缝章、页码、甲乙方、商标、其他的备件附件、培训资料及注意事项是否齐全正确 印章管理员：审核合同纸质文本与系统流程内容是否相符，系统打印标识、页码、签字及代签、授权书、特殊条款、合同号、签订日期、附件、补充协议、骑缝字、骑缝章、签字是否齐全正确	审核确认：（1）合同文本与系统流程内容一致（2）用印系统打印（系统标识），页码已确认（3）同意用印（4）不同意用印	建立客户体系(客户主数据归档、合同归档)		审核	审核	审核
销售主数据专员／档案员	（1）保管销售合同（2）保管客户信息与信用档案	（1）签订销售合同（2）建立客户信息及信用档案	建立客户体系(客户主数据归档、合同归档)		归档	归档	归档
出纳	（1）开具销售发票（2）结算销售款项（3）审核退货凭证及退货接收报告（4）办理货物退款事宜（5）保管应收票据	（1）供需双方全称账号确认（2）合同产品单价核对确认（3）客户信贷确认（4）货款结算方式及付款时间确认（5）合同产品数量及金额确认（6）合同客户销售折扣、政策确认（7）合同全额货款到账确认	建立客户体系(客户主数据归档、合同归档)		审核	审核	审核

5. 大客户管理部工作流程

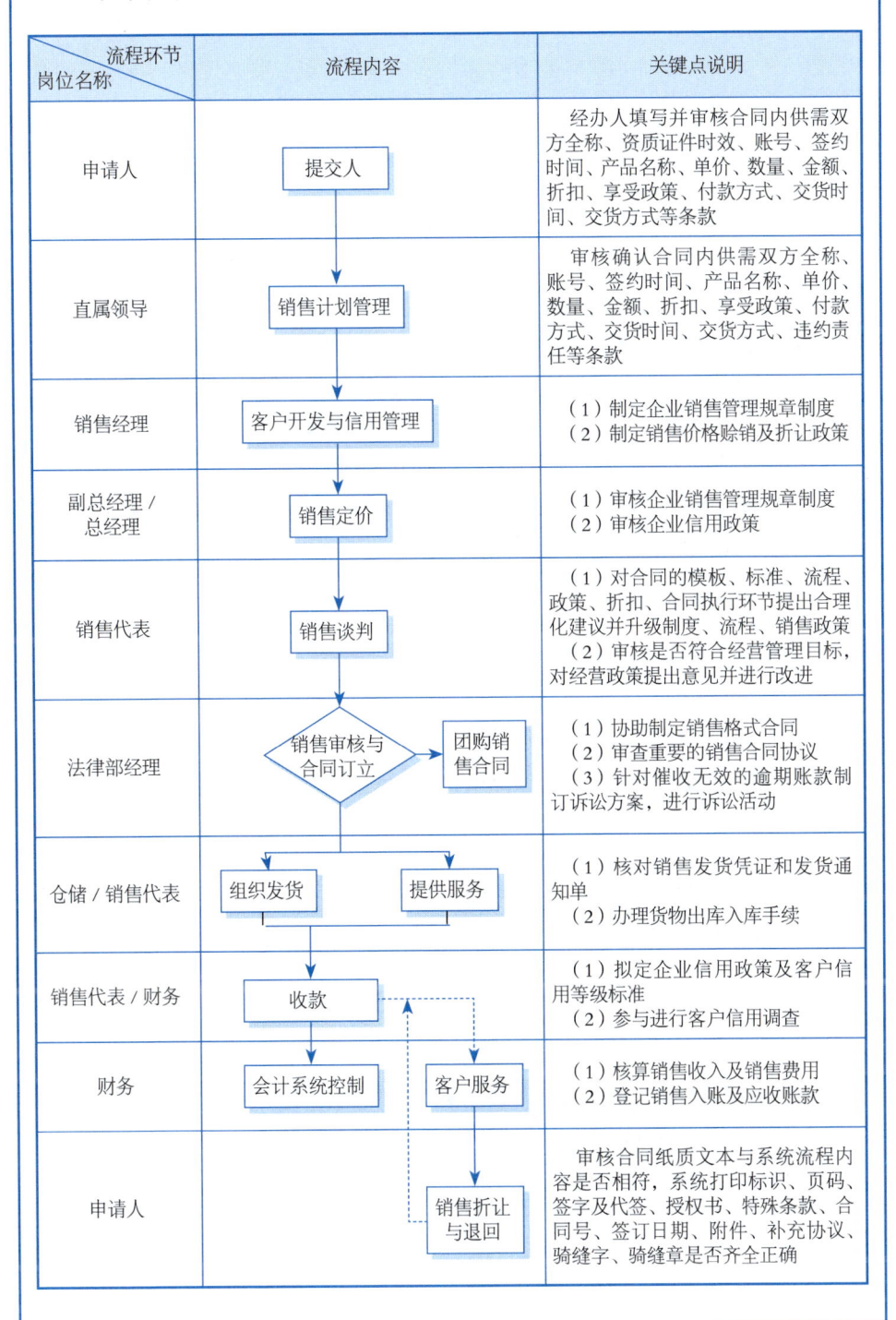

流程环节 岗位名称	流程内容	关键点说明
申请人	提交人	经办人填写并审核合同内供需双方全称、资质证件时效、账号、签约时间、产品名称、单价、数量、金额、折扣、享受政策、付款方式、交货时间、交货方式等条款
直属领导	销售计划管理	审核确认合同内供需双方全称、账号、签约时间、产品名称、单价、数量、金额、折扣、享受政策、付款方式、交货时间、交货方式、违约责任等条款
销售经理	客户开发与信用管理	（1）制定企业销售管理规章制度 （2）制定销售价格赊销及折让政策
副总经理/总经理	销售定价	（1）审核企业销售管理规章制度 （2）审核企业信用政策
销售代表	销售谈判	（1）对合同的模板、标准、流程、政策、折扣、合同执行环节提出合理化建议并升级制度、流程、销售政策 （2）审核是否符合经营管理目标，对经营政策提出意见并进行改进
法律部经理	销售审核与合同订立 → 团购销售合同	（1）协助制定销售格式合同 （2）审查重要的销售合同协议 （3）针对催收无效的逾期账款制订诉讼方案，进行诉讼活动
仓储/销售代表	组织发货　提供服务	（1）核对销售发货凭证和发货通知单 （2）办理货物出库入库手续
销售代表/财务	收款	（1）拟定企业信用政策及客户信用等级标准 （2）参与进行客户信用调查
财务	会计系统控制　客户服务	（1）核算销售收入及销售费用 （2）登记销售入账及应收账款
申请人	销售折让与退回	审核合同纸质文本与系统流程内容是否相符，系统打印标识、页码、签字及代签、授权书、特殊条款、合同号、签订日期、附件、补充协议、骑缝字、骑缝章是否齐全正确

6. 客户信用管理具体内容

6.1 客户信用等级

6.1.1 A 类占累计销售额的 70% 左右，企业形象好、知名度高、有较强的竞争优势、社会信用状况良好、合作关系好，达到一定的生产经营规模，有良好的发展前景，资产流动性很好，管理水平很高，款项支付及时，具有很强的偿债能力。

6.1.2 B 类占累计销售额的 20% 左右，社会信用状况一般、合作关系一般、款项支付一般，但市场竞争力强，有较好的发展前景，管理水平较高，具有较强的偿债能力。

6.1.3 C 类占累计销售额的 5% 左右，社会信用关系较差、合作关系一般、款项支付及时性较差，发展前景一般，管理水平一般，偿债能力一般。

6.1.4 D 类占累计销售额的 5% 左右，社会信用关系较差、合作关系不稳定，款项支付及时性较差。

6.2 不同的客户等级给予不同的客户信用销售政策

6.2.1 对 A 级信用较好的客户，可以有一定的赊销额度和回款期限，但授信额度不超过合同所订立账期内的销售额。

6.2.2 对 B 级客户，一般要求现款现货。可先设定一个额度，再根据信用状况逐渐放宽。

6.2.3 对 C 级客户，要求现款现货，应当仔细审查，对于符合企业信用政策的，给予少量信用额度。

6.2.4 对 D 级客户，不给予任何信用交易，坚决要求现款现货或先款后货。

6.2.5 同一客户的信用限度也不是一成不变的，应随着实际情况的变化而有所改变。销售业务员所负责的客户要超过规定的信用限度时，须向销售经理乃至总裁汇报。

6.2.6 财务部负责对客户信用等级进行定期核查，并根据核查结果提出对客户销售政策的调整建议，经销售经理、公司领导审批后，由销售业务员按照新政策执行。

6.2.7 销售部应根据企业的发展情况及产品销售、市场情况等，及时地提出对客户信用政策及信用等级的调整建议，财务部应及时修订此制度，并报有关领导审批后下发执行。

6.3 客户信用调查管理

6.3.1 通过金融机构（银行）调查。

6.3.2 通过客户或行业组织进行调查。

6.3.3 内部调查。询问同事或委托同事了解客户的信用状况，或从本企业派生机构、新闻报道中获取客户的有关信用情况。

6.3.4 销售业务员实地调查。即销售部业务员在与客户的接洽过程中负责调查、收集客户信息，将相关信息提供给财务部，由财务部分析、评估客户企业的信用状况。

6.4 交易开始与终止时的信用处理

6.4.1 销售业务员应制订详细的客户访问计划，如某一客户已访问 5 次以上而无实效，则应从访问计划表中删除。

6.4.2 交易开始时，应先填制客户交易卡。客户交易卡由企业统一印制，一式两份，有关事项交由客户填写。

6.4.3 无论是新客户还是老客户，都可依据信用调查结果设定不同的附加条件，如交换合同书、提供个人担保、提供连带担保或提供抵押担保。

6.4.4 在交易过程中，如果发现客户存在问题和异常点应及时报告上级，作为应急处理业务可以暂时停止供货。

6.4.5 当票据或支票被拒付或延期支付时，销售业务员应向上级详细报告，并尽一切可能收回货款，将损失降至最低点。销售业务员根据上级主管的批示，通知客户中止双方交易。

6.5 信用调查结果处理

6.5.1 客户信用调查完毕，财务部有关人员应编制客户信用调查报告，及时报告给销售经理。销售业务员平时还要进行口头的日常报告和紧急报告。

6.5.2 定期报告的时间要求依不同类型的客户而有所区别。A 类客户每半年 1 次即可，B 类客户每三个月 1 次，C 类、D 类客户要求每月 1 次。

6.5.3 调查报告应按企业统一规定的格式和要求编写，切忌主观臆断，不能过多地罗列数字，要以资料和事实说话，调查项目应保证明确全面。

6.5.4 业务员如果发现自己所负责的客户信用状况发生变化，应直接向上级主管报告，按紧急报告处理。采取对策必须有上级主管的明确指示，不得擅自处理。

6.5.5 对于信用状况恶化的客户，原则上可采取如下对策：要求客户提供担保人和连带担保人；增加信用保证金；交易合同取得公证；减少供货量或实行发货限制；接受代位偿债和代物偿债，有担保人的，向担保人追债，有抵押物担保的，接受抵押物还债。

| 拟定 | | 审核 | | 审批 | |

五、大客户拜访管理制度

标准文件		大客户拜访管理制度	文件编号	
版次	A/0		页次	

1. 目的

为加强和改进大客户开发、管理工作，提高大客户拜访的工作效率，完成大客户销售目标，特制定本制度。

2. 适用范围

适用于大客户开发工作。

3. 管理规定

3.1 拜访目的

3.1.1 调查市场、了解市场。

3.1.2 了解竞争对手。

3.1.3 客情维护。

3.1.4 开发新客户。

3.1.5 推广新产品。

3.1.6 提高公司产品在客户中的份额和市场占有率。

3.2 拜访次数

3.2.1 对于战略客户：直接负责该业务的大客户经理每月上门拜访一至二次，拜访对象为客户经办层面的联系人及经办层负责人。销售经理每两月上门拜访一次，拜访对象为客户相关业务负责人如办公室主任、采购部经理和相关副总等。公司销售副总、技术副总、常务副总每季度拜访一次，总经理每半年拜访一次。年末由大客户经理派送或邮寄公司挂历、贺卡，逢传统重大节日（如中秋节、春节）由公司高层与客户关键决策人进行高层与高层之间的沟通。

3.2.2 对于重要客户：直接负责该业务的大客户经理每月上门拜访一至二次，拜访对象为客户经办层面的联系人及经办层负责人。销售经理每季度上门拜访一次，拜访对象为客户相关业务负责人如办公室主任、采购部经理和相关副总等。公司销售副总、技术副总、常务副总每半年拜访一次，总经理每年拜访一次。年末由大客户经理派送或邮寄公司挂历、贺卡，逢传统重大节日如中秋节、春节由公司高层与客户关键决策人进行高层与高层之间的沟通。

3.3 拜访管理制度

3.3.1 大客户经理应于每月填写下月的"月拜访计划表"，并提交销售副总核阅。总经理室应于每年 12 月份制定下一年度大客户拜访日程。

3.3.2 大客户经理依据"月拜访计划表"所订的内容，按时前往拜访客户，并根据拜访结果填制"月度拜访记录表"。大客户经理每月5日前提交上月的"月度拜访记录表"至销售经理及销售副总处。

3.3.3 大客户经理如因工作因素而变更行程，除应向销售经理报告外，并须将实际变更的内容及停留时数记录于"月拜访计划表""月拜访记录表"内。

3.3.4 销售经理审核"月拜访记录表"时，应与"月拜访计划表"对照，了解大客户经理是否依计划执行。

3.3.5 销售经理每月应依据大客户经理的"月拜访计划表""月拜访记录表"，以抽查方式用电话向客户查询，确认大客户经理是否依计划执行或不定期亲自拜访客户，以查核大客户经理是否依计划执行。

3.3.6 销售经理查核大客户经理的拜访计划作业实施时，应注意技巧，并监督相关报表的执行落实，根据报表完成情况等与人事相关文件一起作为员工绩效考核的有效参考依据。

拟定		审核		审批	

第三节　大客户管理表格

一、大客户资料记录表

大客户资料记录表

省份	城市	客户类型	客户关系	客户重要程度	客户分类	预期销售额（万元）	预期折扣	合同编号	合同金额

二、大客户申请表

大客户申请表

公司名称				
公司地址				
公司规模（人数）		E-mail		
公司电话		网站		
申请代表人		职务	手机	
备注：				

注：申请公司填写回传本表，并附传公司营业执照复印件，以便查核，敬请配合！

三、大客户分析表

大客户分析表

客户名称			总经理		直接主管		承办人	
客户地址								
主营业务			销售合同	□已签订	□正签订	□尚未签订		
总部地址			电话					
分公司			电话					
法人代表		从业时间			出生年月			
业务银行		注册资金			成立时间			
资金状况	□充足 □一般 □不足 □紧张			信用状况	□佳 □一般 □差 □很差			
在同行中的地位	□领先 □居中 □末流			员工人数	男	女	合计	
月均销售量				库存量				
不动产		土地			建筑物			
		面积	自有	租赁	面积	层数	自有	租赁
	总部							
	分部1							
	分部2							
近半年平均每月收入								
销售额	成本	管理费用	销售费用	营业利润	利息支付	折旧	损益额	盈利率

四、公司客户合作记录表

公司客户合作记录表

客户名称： 联系电话：

序号	进货日期	货款总额	回款方式	回款时间	回款金额	违约情况	备注

五、大客户支持表

大客户支持表

申请部门		日期	年　月　日	编号	
客户单位名称				总经理/厂长	
地址		邮编		电话	
联系人及职务		电子邮件			
项目负责人及职务		财务经理/处长		信息负责人	
企业性质	□国有　□股份制　□合资　□外资　□民营					
所属行业	□消费品　□加工处理　□汽车　□电子　□装配 □医药　□承包合同　□机械　□其他（请指明）					
企业规模	年收入__万元		员工人数		下属单位数目		主要产品	
信息系统建设情况						
企业管理重点	□财务　□预算　□采购　□库存 □生产　□质检　□销售　□成本　□其他（请指明）					
预计合同金额		预计签约时间		预计实施时间	
竞争对手情况						
项目背景及联系过程综述						

续表

希望得到何种售前支持	□ERP 管理思想讲解　□产品讲解及演示　□项目方案 □竞标　□问题解答　□其他（请指明）						
申请人员级别及人数	□总经理　□产品经理　□项目经理　□售前支持人员 □管理专家　□网络专家　□用户						
售前支持议程	时间		内容		主要听众对象		备注
售前人员安排							
售前信息评价	完整性		正确性		详细程度		总体评价
售前效果评价							

申请人：　　　　　　　　联系方式：　　　　　　　　部门经理（签字）：